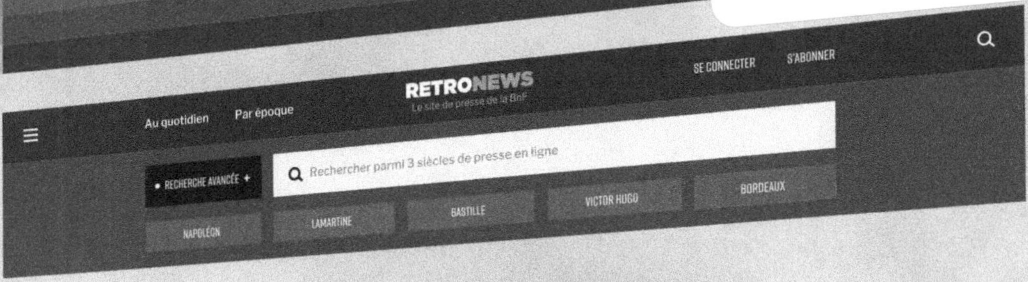

MÉMOIRES

ET

ANALYSE DES TRAVAUX

DE LA

SOCIÉTÉ D'AGRICULTURE,

COMMERCE, SCIENCES ET ARTS

DE LA VILLE

DE MENDE,

CHEF-LIEU DU DÉPARTEMENT DE LA LOZÈRE.

1841. — 1842.

MENDE,

IMPRIMERIE DE J. J. M. IGNON.

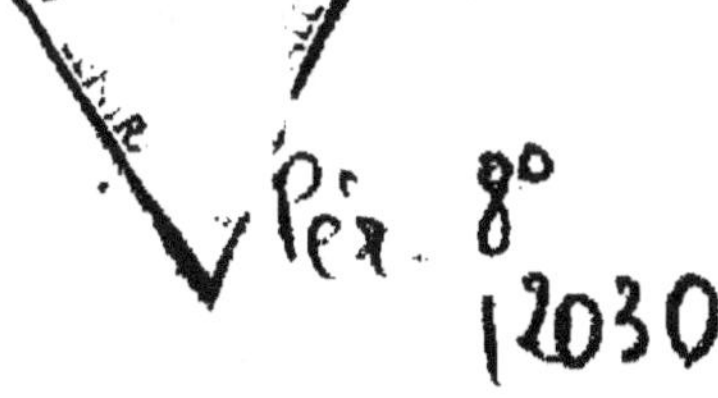

PROCÈS-VERBAL

DE

LA SÉANCE PUBLIQUE

TENUE LE 15 SEPTEMBRE 1842.

La Société d'Agriculture, Commerce, Sciences et Arts de la ville de Mende, s'est réunie à l'hôtel de la préfecture, dans l'ancienne salle de la Cour d'assises. Le local avait été disposé d'une manière convenable à cette solennité. Le portrait du Roi des Français, protecteur de toutes les institutions utiles, occupait le fond de la salle, au-dessus du bureau du Président. Des fauteuils avaient été placés des deux côtés de ce bureau, pour MM. les membres du Conseil général, invités à cette séance, et pour MM. les membres de la Société. On remarquait, dans les autres parties de la salle, un grand nombre d'auditeurs, parmi lesquels se trouvaient des dames.

A deux heures, une députation ayant été prévenir M. le Préfet et MM. les membres du Conseil général, ces MM. se sont rendus à la séance. M. le Préfet, qui occupait le fauteuil, avait à sa droite M. le lieutenant-général, baron Brun de Villeret, pair de France, Président du Conseil général et MM. les membres du Conseil ; à sa gauche, M. Bouyon, président de la Société et MM. les membres de cette compagnie.

A l'ouverture de la séance, M. Pagès, Chevalier de la Légion d'Honneur, Préfet du département,

Président honoraire, a invité M. Ignon, père, Secrétaire perpétuel, à rendre compte des travaux de la Société depuis sa dernière séance publique.

Après ce rapport, plusieurs discours ou mémoires ont été lus dans l'ordre suivant :

M. l'abbé Baldit. -- Ode sur l'existence de Dieu ;

M. Théodore Tuffier. -- Discours sur les avantages des prix de vertu ;

M. Bouyon, -- 10.e suite de pensées et caractères ;

M. Ignon, père, Secrétaire perpétuel, a lu ensuite un rapport sur les primes d'encouragement à l'agriculture à décerner dans cette solennité.

Après la distribution des primes, la séance a été levée.

M. le Préfet, reconduit ensuite dans son cabinet par M. le Président et la députation, leur a renouvelé le témoignage de sa satisfaction pour le zèle qui anime la Société dans ses travaux, dont il s'était plu à faire un éloge bienveillant dans son rapport à l'ouverture de la session du Conseil général, qui est consigné dans l'extrait suivant.

EXTRAIT

DU RAPPORT DE M. LE PRÉFET

AU CONSEIL GÉNÉRAL.

(SESSION DE 1842. -- P. 70.)

« La Société d'Agriculture, Commerce, Sciences et Arts de Mende, a redoublé d'efforts depuis votre dernière session, pour mériter les subventions que vous lui accordez annuellement. Je suis heureux de pouvoir reconnaître tout le bien qui résulte de cette association, qui prend si à cœur les intérêts du pays, et je suis convaincu que vous adopterez la proposition que j'ai l'honneur de vous faire de porter en sa faveur, sur votre budget, un crédit de 800 fr.

Je n'entre point dans les travaux auxquels elle s'est livrée depuis votre dernière session, puisque vous avez été invités à assister à sa séance annuelle ; il me suffira de vous dire, que toutes les fois que l'administration ou les cultivateurs ont eu recours à la Société d'agriculture, on a trouvé auprès d'elle, non-seulement le concours qu'on en attendait, mais encore des renseignements précieux. »

COMPTE-RENDU

DES TRAVAUX DE LA SOCIÉTÉ,

A LA SÉANCE PUBLIQUE DU 15 SEPTEMBRE 1842,

PAR M. J. J. M. IGNON, SECRÉTAIRE-PERPÉTUEL.

MESSIEURS,

Suivant un usage consacré par votre règlement, je viens rendre compte de vos travaux et de votre persévérance à remplir la tâche que vous vous êtes imposée, afin de justifier le but d'utilité publique de votre institution.

Vous comptez, comme Société académique, plus de vingt années d'existence, et qu'avez-vous fait pour introduire, dans le département, des améliorations?

C'est peut-être ce que certains esprits chagrins et frondeurs par caractère pourraient nous demander; mais, Messieurs, est-ce que nous devrions nous arrêter à ce reproche, lorsque l'appui bienveillant du premier magistrat, et les encouragemens du Conseil général du département et du Gouvernement ne nous ont jamais fait défaut; lorsqu'une réunion d'élite vient, chaque année, vous témoigner, par son honorable présence, toutes ses sympathies?

L'exposé simple et succint que je vais avoir l'honneur de faire, pourrait répondre à une pareille interpellation, si on nous l'adressait.

En vous instituant, vous reçûtes la mission de vous occuper de tous vos moyens à l'amélioration de l'agriculture, au perfectionnement du commerce et de l'industrie, et aux progrès des sciences et des arts.

Vous aviez un champ vaste à parcourir, vous pouviez explorer tout ce qui est du domaine de la théorie et de la pratique, à l'exception heureusement de la politique; je dis heureusement, parce que, depuis quelque temps, elle a occupé la plupart des esprits, jeté la perturbation dans les idées de certains, et remplacé, par des utopies, l'étude des connaissances utiles.

Si l'on prenait la peine de compulser l'analyse de vos travaux, depuis 1819, on verrait que votre zèle ne s'est jamais ralenti pour remplir cette mission.

Voici, selon les divisions accoutumées, ce que vous avez fait depuis la dernière séance publique.

Agriculture.

Votre première division est, sans contredit, la plus importante. Notre département est essentiellement agricole et ne peut prospérer qu'en améliorant tout ce qui a rapport à l'agriculture.

Il est bien reconnu que les améliorations ne peuvent être que l'œuvre du temps; il serait impossible, il y aurait même de la témérité de vouloir tenter des innovations dont les résultats avantageux n'auraient pas été bien constatés; la routine qui exige certains ménagemens et qu'on ne peut détruire qu'à la longue, le peu de fortune de nos cultivateurs et l'ignorance de la plupart opposent des obstacles au progrès.

Mais, Messieurs, ne nous décourageons pas, vous savez que le bien s'opère lentement; vous savez aussi que la persévérance parvient à l'opérer, et c'est sur elle que vous comptez en continuant à faire connaître, dans vos publications, des procédés nouveaux et utiles, et en distribuant des encouragemens à ceux qui entrent dans la bonne voie.

Je vous entretiendrai d'abord des améliorations agricoles suivantes :

Seigle multicaule.

Parmi les graines provenant de votre jardin d'expériences ou que vous achetez pour les répandre dans le département, je citerai en premier lieu les céréales.

Vous avez puissamment contribué à propager la culture du seigle multicaule ; la supériorité de cette variété sur le seigle ordinaire ne peut plus être révoquée en doute : elle a été constatée par des propriétaires et des cultivateurs dignes de foi ; vous avez voulu que le compte que vous ont rendu de leurs essais MM. Crueize et de Préviala, ainsi que le résultat des expériences comparatives de panification, faites par votre collègue M. Vachin, fussent insérées dans vos annales.

La récolte de cette plante, malgré la sécheresse, a offert cette année : belle végétation, abondance d'épis, et grains plus nourris que ceux de la semence. Vous pourrez en distribuer pour les localités où l'essai n'a pas encore été fait ; il est à observer que c'est surtout dans la partie granitique où le seigle multicaule prospère le plus.

Chanvre.

Persistant dans votre opinion sur l'utilité d'étendre la culture du chanvre dans le département, vous avez continué vos distributions de graines de celui du Piémont, de la grande espèce.

Sur la proposition de l'un de vos collègues, M. le docteur Blanquet, vous avez arrêté de faire l'acquisition d'instrumens pour le teillage, le peignage et la filature de cette plante textile, que vous confierez au zèle charitable et empressé des dames de l'hospice de Mende, pour former des élèves.

Garance.

A votre dernière séance publique, M. Borrelli de Serres vous a entretenus de ses essais de culture de la garance, dans l'une de ses propriétés à Mende.

Dans son mémoire, il entre dans les plus petits détails concernant la culture de cette plante tinctoriale; il indique successivement le terrain qui lui est propre, les époques du semis et du repiquage, du sarclage et du chaussage; il fait connaître la différence de culture adoptée dans les départemens du nord et dans ceux du midi; traite du plan et de l'arrachage.

Comme le terrain qui a produit de la garance, ne peut être employé de nouveau à cette culture qu'après avoir subi un assolement, M. Borrelli désigne les plantes qui sont les plus convenables, sans même employer du fumier.

Enfin ce mémoire, inséré dans vos annales, comme pouvant servir de guide et de petit manuel aux propriétaires du département qui voudraient établir des garancières, est terminé par la copie du livre journal, constatant les recettes et les dépenses occasionnées par trois essais, dont les résultats prouvent les avantages de ce nouveau genre de culture pour le pays.

Madia sativa.

Quand on considère l'abatis que l'on fait journellement des noyers pour des meubles ou des sabots; le peu de soin que l'on apporte à le remplacer, et le temps que cet arbre exige pour être en rapport, on sent la nécessité de recourir à la culture des plantes oléagineuses.

Celle du *Madia sativa*, dont vous avez fait l'essai dans votre jardin d'expériences, vous a fourni l'année dernière, des graines pour en faire des distributions ; vous pourrez les renouveler cette année plus en grand, parce que la récolte a été abondante.

On a déjà beaucoup écrit sur cette plante, et on s'accorde à la considérer comme propre à prospérer sur tous les terrains, même de qualité très-inférieure, et se passant plus facilement d'engrais ; elle épuise moins le sol, et l'occupe en général moins de temps, il n'est pas nécessaire de la préserver des insectes ni des bestiaux, l'odeur qu'elle exhale la protégeant contre les uns et les autres ; elle résiste mieux aux gelées et à la sécheresse. L'huile provenant de ses graines est de bonne qualité.

L'introduction de la culture du *Madia sativa* se généralise dans les départemens où le climat n'était pas favorable aux plantes oléifères, et elle peut devenir, pour le nôtre, une ressource agricole très-avantageuse.

Prairies artificielles.

Il est inutile de revenir sur l'utilité des prairies artificielles ; vous n'avez cessé d'en recommander vivement la culture ; vos efforts tendent à ce qu'elle prenne plus de développement dans le département, où pour peu que l'hiver se prolonge, il y a, pour la plupart des propriétaires, insuffisance de fourrages pour la nourriture de leurs bestiaux.

En attendant que nos cultivateurs apprécient mieux les avantages de cette amélioration agricole, vous continuez vos distributions de graines de plantes fourragères. Vous avez décidé de vous procurer de celles de la *Minette*, dont la culture a parfaitement réussi à votre collègue M. Vachin, et convient aux terres des causses.

Maïs.

La culture du Maïs, qui, il y a vingt ans, n'était guère connue dans ce département que dans la partie des Cévennes, vivement recommandée par M. Prost, dans une première note de 1821 et dans un mémoire spécial de 1830, commence à se propager dans nos vallons; pour y contribuer, vous distribuez annuellement des graines provenant de votre jardin d'expériences. Nous ne rappellerons pas ici tous les avantages que procure, pour la nourriture des hommes et des animaux, cette plante farineuse, d'un produit abondant qu'on évalue, suivant votre collègue, à environ 784 pour un.

Récoltes.

Vous avez fourni les renseignemens annuels qui vous ont été demandés par l'administration sur les semailles, la floraison, l'apparence et l'effectif des récoltes.

Statistique agricole.

Vous aviez répondu à l'appel que vous avait fait M. le Préfet pour contribuer, en ce qui concerne ce département, à la rédaction de la statistique générale agricole de la France que publie le Gouvernement, et ce magistrat, en vous annonçant que M. le Ministre de l'agriculture et du commerce se plaît à reconnaître ce qu'ont apporté de lumière, d'activité et de persévérance l'administration départementale et les personnes qui, dans la Lozère, ont concouru à l'exécution de ce grand et difficile travail, ajoute qu'en lui témoignant sa satisfaction, Son Exc. le prie de faire connaître à ses collaborateurs, les remercîmens qu'elle leur adresse pour les efforts qu'ils ont fait pour le seconder.

M. le Ministre prévient en même temps qu'il enverra incessamment deux exemplaires des tom. 3 et 4 de cette statistique destinés à la bibliothèque de la ville de Mende et à celle de la Société d'agriculture.

Vignes.

Vous avez encore été consultés, cette année, sur les variétés des vignes cultivées dans le département de la Lozère, dont les cépages avaient été adressés à M. le Grand référendaire de la chambre des Pairs, pour la collection du Luxembourg ; il s'agissait d'établir leurs véritables noms, de reconnaître quel rapport elles présentent entre elles, et par suite leurs synonimies.

Ce travail, dont vous vous êtes occupé, a été transmis à M. le duc Decazes. Il est destiné à compléter la rédaction du catalogue des vignes de cette école ; il en sera adressé un exemplaire à la Société, pour qu'on puisse le consulter et faire un choix de variétés qui pourraient convenir à nos localités ; M. le Grand référendaire ayant renouvelé la promesse de les accorder.

Arbres.

Vous vous êtes élevés plusieurs fois contre le déboisement et ses effets funestes ; vous avez voulu pour y rémédier, offrir des encouragemens à ceux qui se livreraient à des plantations, et à cet effet, des graines ont été distribuées, des prix ont été décernés dans la dernière séance publique ; celle-ci sera également terminée par une distribution de récompenses, parmi lesquelles il en est qui ont rapport aux plantations d'arbres. J'aurai l'honneur de revenir sur cette partie importante de notre agriculture, en exposant les titres des lauréats.

Instrumens aratoires perfectionnés.

De nouvelles expériences d'instrumens aratoires perfectionnés ont été faites en présence de plusieurs membres de la Société pour les leçons pratiques des élèves de l'école normale qui suivent le cours de votre collègue M. Ziélinski, et elles ont offert les résultats les plus satisfaisans.

Primes d'encouragement.

Depuis votre dernière séance publique, des primes pour l'amélioration des races ovines, bovines et chevalines ont été distribuées à l'époque des foires de la Toussaint et de Pâques, à Mende.

Les propriétaires qui ont reçu ces primes, dans ces deux concours, sont :

Pour celui des taureaux,

M. Cayroche, propriétaire à Villeneuve, commune du Chastel-Nouvel.

Pour le concours des vaches laitières,

M. Coulomb, de Vareilles, commune de Lanuéjols, et M. Portalier (Pierre de Rieutort-de-Randon.

Pour celui des béliers,

M. Cayroche, déjà nommé,

et M. Boulet (Antoine), du Bressal, à Mende.

Enfin pour le concours des poulains et pouliches,

M. Saltel, du causse d'Oge, près Mende ;

M. Marcé, D. M. à Mende ;

M. Buisson (Alexandre), de Lanuéjols ;

et M. Longchamp, capitaine, de Rouffiac, commune de St-Bauzile.

Les jurys, que la Société avait nommés pour prononcer sur le mérite des sujets présentés au concours ont reconnu qu'il y avait amélioration dans les espèces, ce qu'il faut attribuer à l'émulation des propriétaires pour l'élève des bestiaux, excitée par la distribution des primes, quelques modiques qu'elles soient.

En ce qui concerne l'amélioration de la race chevaline, la Société a applaudi au projet que M. le Préfet avait bien voulu lui communiquer verbalement, en séance ordinaire, comme offrant des avantages incontestables; et elle a été d'avis d'augmenter, dans les limites de ses ressources, le chiffre des primes d'encouragement qu'elle décerne annuellement pour l'élève des chevaux, sur les allocations que lui accorde le Gouvernement.

Nous possédions autrefois une race particulière de chevaux qui était très-recherchée dans nos foires, et qui a dégénéré par un abus que vous avez signalé plusieurs fois, et contre lequel vous avez prié M. le Préfet d'examiner, dans sa sagesse, s'il ne conviendrait pas de proposer au Conseil général d'émettre un vœu pour provoquer une disposition législative (*).

Comices agricoles.

La distribution des primes d'encouragement m'amène naturellement à vous entretenir de celles que les comices de Marvejols et de Florac se plaisent à décerner, comme vous, dans un intérêt d'amélioration agricole. Il ne nous appartient pas de louer leur zèle, mais félicitons nous de marcher de concert vers

(*) Ce vœu a été présenté par M. le Préfet au Conseil général, qui l'a accueilli en ces termes :

« Qu'il soit proposé aux Chambres une loi, qui donne à l'administration le droit de faire hongrer tous les chevaux entiers dont les vices pour la reproduction seraient légalement constatés. »

le même but, celui de l'utilité départementale.

Ainsi qu'il avait été pratiqué déjà, vos annales contiennent les procès-verbaux de ces distributions.

Ferme expérimentale.

Parmi les communications verbales que M. le Préfet a bien voulu faire, dans votre séance du 6 de ce mois, se trouvait celle de l'établissement d'une ferme expérimentale à laquelle serait attachée une école d'industrie agricole, qu'il avait l'intention de proposer au Conseil général.

Vous avez été unanimement d'avis de partager l'opinion du premier magistrat du département sur l'utilité d'un pareil établissement qui, réunissant l'enseignement théorique et pratique de l'agriculture, offrirait l'avantage de former des élèves qui pourraient répandre, sur tous les points de la Lozère, les méthodes perfectionnées à la connaissance desquelles ils auraient été initiés.

Un établissement de ce genre vous a paru autrement important que ceux qui sont dépourvus d'écoles.

L'instruction est un besoin de l'époque. Donner à la classe nombreuse et peu fortunée celle qui l'attache à l'état de ses pères, ce n'est pas seulement contribuer à son bien-être matériel, passion dominante du siècle, mais c'est encore plus, c'est lui procurer le bien-être moral.

J'arrive à la seconde partie de vos travaux.

COMMERCE ET INDUSTRIE.

Industrie séricicole.

Comme faisant suite à la première partie, j'ai à vous entretenir de l'industrie séricicole qui embrasse la culture des mûriers et l'art d'élever les vers-à-soie ; nouvelle branche d'industrie agricole pour la partie du département qui n'appartient point aux Cévennes.

Deux de vos membres correspondans vous ont fait hommage de leurs publications à ce sujet.

M. François Boyer, horticulteur pépiniériste à Nismes vous a adressé son traité de la taille et de la culture du mûrier. Ses observations sont le fruit de 20 années d'études consciencieuses et d'essais souvent répétés. C'est le compte rendu de ses expériences comparatives de sa méthode et de celle de ses voisins. Son ouvrage peut être consulté avec fruit, par les personnes qui se livrent, dans le département à la culture de cet arbre précieux. J'abuserais de vos momens, si je voulais vous en donner l'analyse, mais il me suffira de dire que l'auteur reconnaît la supériorité des soies des Cévennes et du Vivarais, pays dans les mêmes conditions atmosphériques que certaines parties du nôtre, où l'air pur et raréfié de nos montagnes, qui circule dans nos vallons, dispense de l'emploi des tarares et des ventilateurs.

M. Eugène Paradan, de la Canourgue, qui a été un des premiers à faire des plantations de mûriers dans le vallon de cette commune et à se livrer à l'éducation des vers-à-soie, ce qui lui a mérité, en 1838, une médaille d'argent, de la part du Ministre de l'agriculture, vient de publier récemment un écrit concernant l'éducation des vers-à-soie, dans lequel il traite des méthodes anciennes et nouvelles et des avantages de l'éducations d'automne, dont l'idée toute nouvelle lui appartient.

Cette éducation serait celle des pays froids, si on pouvait la pratiquer. Votre collègue a déjà fait des essais qui s'y rattachent ; mais ils laissent encore beaucoup à désirer, et pour faire avancer la question qui l'occupe, il appelle les éducateurs intelligens et zélés à faire des expériences pour concourir à la solution du problême.

Cet écrit a été inséré dans le Propagateur de l'industrie de la soie en France, par M. Carrier; il vous en a adressé un exemplaire qui est déposé dans votre bibliothèque où on pourra le consulter.

Vous avez fourni les renseignemens qui vous avaient été demandés par M. le Préfet, sur l'état général de l'industrie de la soie et sur ses progrès dans le département, pour une note qui a été insérée dans les annales de la Société séricicole fondée pour la propagation et l'amélioration de l'industrie de la soie en France; Société avec laquelle vous êtes en correspondance, et qui vous adresse ses publications depuis sa fondation en 1837.

Je crois devoir ajouter que dans cette note, M. le Préfet a mentionné honorablement les personnes qui ont le plus contribué à répandre cette industrie dans la Lozère.

Je passe à la troisième et dernière partie de vos travaux.

Sciences, Belles-Lettres et Beaux-Arts.

M. l'abbé Baldit, dont le zèle n'est jamais en défaut, pour offrir à chaque séance publique, son tribut académique qu'il puise toujours dans quelque sujet religieux ou d'une haute moralité, avait fait choix l'année dernière de l'*Immortalité de l'âme*, vous avez applaudi à la manière dont il s'était acquitté de sa tâche.

Dans les strophes de son ode, on trouve cette vérité consolante que « le Créateur, suivant Massillon, ne peut être comme une racine stérile et décrépite qui ne pousse que des germes pour les laisser avorter dans la fleur,

Rien ne périt dans l'immense vaisseau de l'univers ; c'est détrôner Dieu ; c'est l'anéantir lui-même, que d'en faire le Dieu du néant. »

M. Théodore Tuffier, du Malzieu, que vous avez admis au nombre de vos membres correspondans, vous a fait hommage de ses Rêveries poétiques, poésies nouvelles qui décèlent beaucoup de goût et sont toutes empreintes de beaux sentimens.

M. Bouyon, dans la suite des pensées et caractères, dont il vous fait hommage à chaque séance publique, continue avec un rare bonheur, de se montrer bon moraliste, et d'obtenir vos suffrages, bien plus flatteurs que l'éloge que je pourrais en faire.

M. Ignon, fils (Auguste), a fait hommage à la Société d'un bel échantillon d'anthracite qu'il a rapporté du Valdonnez.

En découvrant ce minéral, M. Bros, maire de Lanuéjols, avait cru, à cause de sa grande ressemblance avec la houille ou charbon de terre, avoir trouvé sur le territoire de Lanuéjols ce précieux combustible et non de l'anthracite.

MM. Agulhon et Balès, de Florac, avaient également trouvé l'année dernière, de l'anthracite en amas considérables dans la commune des Bondons.

Quoique l'un des caractères remarquables de l'anthracite soit de brûler difficilement, votre collègue pense que cette découverte ne laisse pas que d'être fort importante pour le pays, qui possède un grand nombre de filons de minérais exploitables et où la rareté du combustible se fait déjà sentir.

M. Théophile Roussel, de St-Chély, interne des hôpitaux à Paris, que vous avez également admis au nombre de vos membres correspondans, vous a adressé l'histoire d'un cas de Pellagre, observé à l'hôpital St-Louis, dans le service de M. Gibert.

M. Cayol, dans la revue médicale de juillet 1842, observe que cette singulière maladie, qui est endémique dans la Lombardie, n'avait peut-être jamais été observée en France, et que c'est un fait rare et curieux que M. Roussel a su relever et mettre en lumière par des considérations et des rapprochemens qui décèlent un esprit philosophique et une érudition de bon aloi.

J'ajouterai, Messieurs, que votre jeune collègue faisant diversion à l'étude de la science d'Hippocrate, s'est livré à celle de l'histoire nationale, et a déjà mérité une médaille d'or qui lui a été décernée par l'Académie des inscriptions et belles-lettres, institut royal de France, pour ses Recherches historiques sur la vie et le pontificat d'Urbain V, et sur les fondations de ce pontife en France.

Cette histoire a un intérêt de localité auquel vous avez applaudi; elle a été écrite consciencieusement, et l'auteur, pour qu'elle fut plus complète, s'est rendu à Rome, afin de consulter certains titres originaux.

Les études historiques sont à l'ordre du jour, heureux quand elles ne procèdent pas plutôt du roman que de l'histoire et que l'on n'y fait pas preuve d'ignorance de la chronologie et de la géographie.

C'est ainsi que dans un ouvrage, répandu il y a peu de temps dans le département, consacré à sa description, on faisait de Guillaume de Grimoard, un cardinal nommé Pape en 1568, quoiqu'il eût été élevé à cette dignité, par le seul ascendant de son mérite, sans être cardinal, plus de deux cents ans auparavant, en 1362;

Que sur la seule similitude de noms de lieu, on

attribuait à la Lozère, les deux frères Lesterp Beauvais, députés aux états généraux et à la convention, nés à Florac (Haute-Vienne) et Rivarol, né à Bagnols (Gard); et qu'on désignait parmi nos anciens barons de Gévandan, ceux de Tournels, de Breges et d'Apchico, pour Tournel, Briges et d'Apchier.

Je pourrais citer des fautes autrement graves pour notre histoire locale, et c'est la tâche que je me suis imposée en les combattant dans la seconde partie de ma notice sur les monumens antiques et du moyen âge du département, insérée dans le 12.e volume de vos mémoires, qui paraîtra incessamment et à la publication de laquelle j'ai été encouragé par votre indulgence accoutumée.

Un de vos correspondans, M. Isidore Hedde, qui vous est associé depuis 1830, vous a fait hommage d'un aperçu de l'histoire de St-Etienne (Loire); c'est encore un écrit consciencieux et remarquable par le style et l'exactitude des faits, puisés à de bonnes sources.

Je ne citerai que pour mémoire le discours prononcé en séance publique par M. Loizellier, sur les avantages de la méthode mnémonique; l'auteur en quittant le département ayant emporté son manuscrit.

Permettez-moi d'observer qu'il avait été jugé trop sévèrement, à raison de certain passage, auquel il n'avait pas l'intention de donner une application actuelle, mais qu'il ne présentait que comme un fait historique d'une époque éloignée.

Nécrologie.

Après avoir rendu compte de vos travaux, votre règlement m'impose le triste devoir de vous entretenir des pertes que la Société a éprouvées depuis sa dernière séance publique. Cette tâche est d'autant plus pénible aujourd'hui qu'elles sont nombreuses et que la mort a atteint d'honorables collègues dignes de tous nos regrets.

L'un de vos membres honoraires, M. Gabriel, né en Provence, ancien secrétaire de la présidence de la Chambre des députés, et successivement préfet de la Lozère, du Gers, de l'Aube et de la Charente-Inférieure, a terminé, en août 1841, bien jeune encore sa carrière administrative dans laquelle il s'était fait remarquer par un haut savoir et son dévouement à la chose publique. Appelé à une époque critique pour administrer le département de la Lozère, de 1830 à 1832, je ne vous rappellerai pas qu'il sut, par ses principes sages et fermes en même temps, se concilier l'estime et l'affection de ses administrés. Ce ne serait point une exception, le pays n'a qu'à se féliciter des heureux choix des premiers magistrats que la confiance éclairée du Roi a daigné lui accorder ; mais, Messieurs, vous me permettrez sans doute de rappeler ici les témoignages flatteurs et les encouragemens bienveillants qu'il vous donna pendant son administration, et particulièrement dans son discours, en présidant votre séance publique du 13 mai 1831.

Parmi vos membres résidans, vous avez à regretter la perte de MM. Hercule Levrault et Célestin de Lescure. Vous avez assisté à leurs funérailles, votre Secrétaire-perpétuel a été l'interprète de vos sentimens sur leurs tombes, et leurs éloges funèbres sont insérés dans vos annales.

Enfin deux de vos membres correspondans ont également payé le tribut inséparable de notre condition humaine.

M. le comte de Morangiés, né dans la Lozère en

1791, nommé par le collége électoral de Mende à la chambre des députés en 1837 et 1839, décédé à Hurigny, département de Saône-et-Loire, faisait partie de votre compagnie depuis 1833. Son goût pour l'amélioration de l'agriculture lui avait suggéré l'idée d'établir une école agricole à l'instar de celle de Hoffwil, qu'il avait visitée, et dont il avait suivi le cours pendant quelque temps. Ce projet avant d'être soumis au Conseil général vous fut communiqué, ainsi que celui qu'il conçut plus tard pour une ferme modèle; mais qui n'a pas offert les mêmes avantages que promettait le premier qui aurait formé des élèves.

Comme tribut académique, M. de Morangiés, vous fit hommage d'un ouvrage qu'il avait publié en 1831, ayant pour titre : « Essai sur l'agriculture de quelques » cantons du département de la Lozère », dans lequel il s'était borné à tracer de simples aperçus relatifs aux cantons granitiques, situés dans la partie élevée du département qu'on désigne par le nom de *Montagne*; il en donne une description topographique, indique les productions et les divers genres d'industrie rurale auxquels se livrent ses habitans, et il signale enfin les améliorations à introduire.

M. Granier (Antoine), né à Rieutort le 18 janvier 1768, a terminé récemment sa carrière, emportant l'estime et les regrets des populations environnantes de sa commune. Il avait exercé les fonctions de juge de paix du canton de Rieutort de Randon, en 1801 jusqu'à la suppression de ce canton, et celles de maire de cette commune depuis lors. Homme droit, simple et instruit, il jouissait d'une confiance sans bornes dans toute la contrée; il était le conseil de ses administrés, l'arbitre de leurs différents.

Membre correspondant de la Société depuis 1820; vous avez été à même d'apprécier son zèle, lorsqu'il s'agissait de vous prêter son concours.

Ici devait finir la légende funèbre des membres qui appartenaient plus spécialement à notre compagnie; mais il n'en est pas ainsi malheureusement.

J'apprends à l'instant que M. le baron Florens, qu'elle avait choisi pour son président dès sa formation, a cessé de vivre, ce matin à 8 heures, et que ses funérailles auront lieu demain; vous vous empresserez d'assister à son convoi, et si mon émotion ne me permet pas de vous entretenir dans cette séance de l'honorable défunt, j'essaierai d'exprimer notre commune douleur sur son tombeau.

Mais permettez-moi de vous rappeler d'autres pertes qui s'y rattachent en quelque sorte et qui n'en ont pas moins excité vos regrets.

Il en est une qui porte sur une personne que vous considériez comme membre honoraire de la Société, par l'intérêt qu'elle prenait à vos travaux, dont le fils, personnage d'une haute capacité, l'une des notabilités du royaume, s'est fait un plaisir de compter parmi vous; je veux parler de M. le comte Pelet, qui, né dans le Gard, choisit pour sa seconde patrie la Lozère, où les suffrages de ses nouveaux concitoyens l'appelèrent aux fonctions de maire de Florac, et successivement à la présidence de l'administration centrale du département, et à les représenter à différentes assemblées législatives, dans lesquelles il se fit remarquer par la fermeté et l'indépendance de ses opinions et la part qu'il prit dans les discussions les plus importantes.

Homme sage, éclairé et expérimenté, sa haute capacité ne pouvait échapper au regard de l'aigle, qui avait fait succéder le règne de l'ordre à celui de l'anarchie, aussi fut-il nommé tour à tour aux dignités les plus élevées de l'empire.

Le cadre resserré de mon rapport ne me permet pas ici une notice biographique. Cette tâche a été remplie par M. le baron Mounier, qui, dans son discours prononcé le 30 mai dernier à la chambre des Pairs, a rendu compte avec un rare bonheur de tous les actes qui honorent la longue et éminente carrière de notre illustre compatriote.

Je n'ai pas besoin de vous rappeler l'affection qu'il portait au département, et l'accueil obligeant et empressé qu'il faisait aux Lozèriens qui s'adressaient à lui et qui n'invoquèrent jamais en vain son patronage.

Nous avons individuellement partagé les regrets universels de la France à la perte d'un Prince qui, à tant de titres, faisait son orgueil et qui promettait tant pour l'avenir.

Vos annales déposent des belles qualités qui lui gagnèrent tous les cœurs dans la Lozère, en 1832, et de la réception gracieuse et bienveillante qu'il fit à votre compagnie.

Comme témoignage de vos sympathies pour l'affliction de son auguste famille, consignons ici l'expression de la douleur profonde qu'a inspirée à la Société la déplorable catastrophe du 13 juillet.

Correspondance.

Votre correspondance est toujours sur un bon pied. De nouvelles Sociétés académiques vous ont adressé leurs publications en échage des vôtres. Ces communications d'un haut intérêt, entretiennent des relations auxquelles vous ajoutez le plus grand prix.

M. le Ministre de l'intérieur, par l'organe de M. le Préfet, vous a offert ses remercîmens pour la collection complète de vos mémoires, que vous aviez mise à sa disposition, et qui a pris rang parmi les documens et ouvrages administratifs dans la collection générale qu'on forme à ce ministère.

Musée.

Votre Musée a reçu de nouveaux dons, parmi lesquels je citerai les portraits du pape Urbain V et de M. le lieutenant général Brun de Villeret, qui sont venus accroître le nombre des illustrations Lozériennes que votre galerie renfermait déjà.

M. le Ministre de l'intérieur, sur la demande de votre collègue, M. Delarque, député de la Lozère, vous a accordé un tableau représentant une vue de Paris, qui faisait partie de la dernière exposition, peint par M. Belloche, et 9 médailles en bronze, qui retracent divers évènemens récents de notre histoire.

M. Delarque y a joint les nouvelles monnaies d'essai en bronze distribuées à chaque membre de la chambre des députés.

La collection d'ornithologie s'est enrichie des dons faits par vos collègues M. Borrelli de Serres, de Mende, et M. le docteur Poussié, fils, de Marvejols, qui vous a promis d'y réunir tous les oiseaux habitant le pays ou de passage.

Je n'étendrai pas davantage ces citations, les objets donnés et les noms des personnes auxquelles vous en êtes redevables étant mentionnés dans vos annales, comme témoignage de votre reconnaissance.

Monsieur le Préfet,

Messieurs du Conseil général,

Préoccupé de la crainte de lasser votre patience,

il me tardait d'arriver au terme de mon rapport ; vous avez été assez bons que de m'accorder votre indulgence, veuillez en recevoir mes remercîmens.

Il ne me reste plus qu'à vous offrir, au nom de la Société dont j'ai l'honneur d'être l'organe, l'expression de sa gratitude pour l'appui bienveillant que vous ne cessez de lui accorder, et à vous renouveler l'assurance de son concours pour tout ce qui pourra être utile au département.

RAPPORT

SUR

LES PRIMES D'ENCOURAGEMENT

A DÉCERNER A LA SÉANCE PUBLIQUE DU 15 SEPTEMBRE 1842 ;

PAR M. J. J. M. IGNON, SECRÉTAIRE PERPÉTUEL.

MESSIEURS,

Pour donner plus d'éclat à la distribution de certaines primes d'encouragement, la Société avait annoncé, dans son programme du 17 février dernier, qu'elle aurait lieu, comme en 1841, en séance publique.

Décernées par le premier Magistrat du département, en présence de MM. les membres du Conseil général, et d'une réunion d'élite, ces récompenses ne peuvent que recevoir un nouveau prix de cette solennité.

Malgré la grande publicité donnée à vos programmes de prix, sur l'invitation de M. le Préfet, par MM. les Maires de toutes les communes du département auxquels ils ont été adressés, il en est encore plusieurs pour lesquels il ne s'est pas présenté de concurrens. Je citerai principalement le prix qui concerne les prairies artificielles dont l'extension exercerait une influence salutaire sur l'engrais des bestiaux, et ceux relatifs aux plantes oléagineuses et textiles dont la culture affranchirait la majeure partie de notre population, la classe la moins aisée, du tribut payé à nos voisins pour l'huile devenue plus rare par la destruction démesurée et affligeante du noyer, et pour la toile commune.

Espérons que, mieux avisés par vos recommandations, nos cultivateurs se livreront, dans leur intérêt bien entendu, à ces deux branches d'industrie agricole.

Je vais maintenant, pour les autres parties du concours, exposer les titres des lauréats qui ont motivé les décisions de la Société, sur le rapport du Jury.

1.° *Plantation d'arbres.*

Deux concurrents se sont présentés :

Le premier, le sieur Maurin (François), propriétaire cultivateur du lieu de la Prade, commune d'Allenc, canton du Bleymard, arrondissement de Mende, se livre depuis 14 ans environ à des semis et des plantations d'arbres forestiers, avec persévérance et d'une manière bien entendue, en pratiquant des fossés autour de ses semis et cultivant des céréales dans le voisinage, qui sont les premières attaquées par la dent des bestiaux qui s'échappent des troupeaux.

L'autorité locale cite, outre les arbres en nombre qui sont autour de son habitation, une plantation remarquable en genêts et principalement en pins sylvestres, d'une belle venue, couvrant une surface d'environ trois hectares dans une vaste pièce de terre qu'il possède sur la plaine de Montbel, pays froid et presque entièrement déboisé. L'exemple du sieur Maurin a déjà produit un bon effet dans la contrée où il commence à avoir quelques imitateurs. Il était urgent que quelqu'un donnât le signal du reboisement, car, dans un avenir peu éloigné, les habitans eussent été obligés de s'expatrier, faute de combustible.

Le second concurrent, le sieur Rey (Sylvestre) propriétaire à Mende, a mis en culture un terrain inégal coupé par une infinité de torrents, qui n'était qu'un médiocre pâturage, qu'il possède depuis quelques années, et qu'il a considérablement amélioré en le convertissant en terres arrables et y faisant une plantation de plus de 6,000 arbres fruitiers ou forestiers, qui ont parfaitement réussi.

La Société considérant que les plantations du sieur Maurin embrassent une plus grande étendue de terrain; qu'elles ont été entreprises et continuées depuis un long espace de temps, dans une localité entièrement déboisée, lui a accordé la prime de 50 fr.

Et au sieur Rey, une mention honorable, en témoignage de sa satisfaction pour son zèle agricole.

2.° *Industrie séricicole.*

M. Lugné, domicilié à Mende, avait obtenu l'année dernière, une médaille d'argent, à raison de son zèle pour tout ce qui intéresse l'industrie séricicole, et les soins à donner à la culture du mûrier.

Cette médaille n'ayant pu être remise à cette époque, il en est fait rappel pour lui être décernée dans cette séance.

M. Lugné qui avait déjà offert à la Société une flotte de soie blanche, lui a fait hommage cette année d'une flotte de soie jaune d'une finesse remarquable, filée à 4 cocons provenant d'une nouvelle éducation de vers-à-soie, et il a entrepris à Mende une pépinière de mûriers; la Société lui accorde une prime de 25 fr.

Madame veuve Roux, originaire du Gard, qui s'est fixée depuis quelque temps à Chanac, arrondissement de Marvejols, s'occupe avec le plus grand zèle de doter cette commune de l'industrie de la soie. Quoique peu fortunée, elle y a déjà fait des plantations assez considérables de mûriers, et des éducations de vers-à-soie ; elle vous fit hommage l'année dernière de quelques cocons de sa récolte. Accoutumée dès son jeune âge à l'élève de ces vers précieux, on se félicite à Chanac des leçons de son expérience. Vivement recommandée par l'un de ses membres correspondans, la Société lui accorde une prime de 25 fr.

3.° *Plantes nouvelles utiles.*

L'introduction de la culture de plantes nouvelles utiles, ne saurait être trop encouragée.

Vous êtes redevable à M. Borrelli de Serres d'avoir fait l'essai de celle de la garance, inconnue dans la Lozère, et qui a offert de bons résultats ; mais M. Borrelli, en sa qualité de vice-président de la Société, ne pouvant pas être admis à concourir, vous avez considéré que quoiqu'il eût conçu le projet, fourni le terrain et les fonds pour ce nouveau genre d'industrie agricole, il fallait qu'elle fut dirigée par un garancier habile et expérimenté qui sut former les nombreux ouvriers du pays aux différentes opérations qu'exige une pareille exploitation pour la mener à bien et inspirer par là à d'autres propriétaires le goût de tenter de pareils essais.

Le sieur Maurizard, d'Antraigues (Vaucluse) dont M. Borrelli a fait choix, est connu à Mende, comme le type d'un bon ouvrier laborieux et plein de bonne volonté pour transmettre aux ouvriers qui travaillent sous lui les connaissances spéciales qu'il a de cette culture.

La Société, en récompense de ses dispositions utiles, lui accorde une médaille de bronze.

4.° *Élèves du cours d'agriculture.*

Une prime a été affectée à l'élève du cours d'agriculture de l'école normale, qui aura marqué le plus d'aptitude à transmettre les notions qu'il aura reçues, lorsqu'il sera instituteur communal.

Cet élève, au rapport de M. le professeur du cours et de M. le directeur de l'école, est le sieur Piu, qui a obtenu aux derniers examens un brevet de capacité pour l'instruction primaire-élémentaire.

La Société lui a accordé pour prime un Trocar, instrument dont les élèves ont appris à se servir, dans le cas de météorisation ou gonflement du ventre occasionné chez les herbivores par tous les fourrages verts sujets à fermenter dans le corps, surtout par le trèfle et la luzerne, et auquel les ruminans sont plus sujets que les solipèdes.

Cette maladie est si commune dans nos villages, par la négligence des bergers, et elle occasionne la perte de tant de bêtes à cornes par les traitemens inefficaces employés, qu'il serait à désirer que partout où on ne peut pas recourir immédiatement à un artiste vétérinaire on fut pourvu d'un trocar dont l'emploi sera désormais indiqué par les instituteurs primaires.

5.° *Prix de moralité.*

Le sieur Souton (Augustin), d'Estables de Randon, canton de St-Amans, arrondissement de Mende, âgé de 55 ans, a été employé en qualité de valet de ferme ou garçon bouvier, pendant trente années consécutives chez le sieur Tondut, qui certifie qu'il est d'une moralité à toute épreuve, excellent cultivateur, rempli de zèle, très-fidèle et très-laborieux, et déclare en outre qu'il n'a jamais été dans le cas de lui adresser aucun reproche relativement à sa conduite.

Ces faits sont attestés par M. le Maire d'Estables, qui ajoute que le sieur Souton, a su non seulement mériter les éloges de son maître, mais encore ceux de tous ses voisins, par la plus honnête et admirable conduite.

Le sieur Souton remplissant les conditions du programme, la Société lui accorde la prime de 50 fr.

Ici se termine mon rapport; il ne me reste plus qu'à inviter les lauréats à s'approcher du bureau pour recevoir les récompenses dont la Société les a jugés dignes.

Ces lauréats se sont rendus immédiatement à cet appel, et ont reçu de M. le Préfet les primes qui les concernaient.

CONCOURS

POUR

DES PRIMES D'ENCOURAGEMENT

A L'AGRICULTURE.

PROGRAMME.

La Société d'Agriculture, Commerce, Sciences et Arts de la ville de Mende, chef-lieu du département de la Lozère,

Vu l'allocation des subventions accordées par M. le Ministre de l'Agriculture et du Commerce;

Vu sa délibération en date de ce jour;

Vu le règlement approuvé par M. le Préfet, le 18 novembre 1839;

ARRÊTE le programme suivant :

ARTICLE PREMIER.

Concours affecté à l'arrondissement de Mende.

Deux concours pour la distribution de primes d'encouragement à l'agriculture auront lieu à Mende, les 4 avril et 2 novembre prochains sur le champ de foire, à trois heures de l'après-midi.

ART. 2.

Les primes à accorder pour ces Concours, seront réparties ainsi qu'il suit :

1.° Pour le plus beau Taureau . . . . 40 fr.

2.° Pour la plus belle vache laitière . . . . 30 fr.

3.° Pour le plus beau Bélier . . . . 20 fr.

4.° Pour le plus beau Mulet de deux ans . 30 fr.

5.° Pour le plus beau Poulain ou Pouliche de deux à trois ans. . . . . 30 fr.

6.° Pour le plus beau Poulain ou Pouliche de 6 mois à un an. . . . . 25 fr.

Pour être admis à concourir, il faudra être propriétaire dans l'arrondissement, et justifier par la production d'un certificat délivré par le Maire de la commune, que les animaux destinés au concours ont été élevés dans la propriété du concurrent.

ART. 3.

Concours affecté à tout le département.

Des primes et des médailles seront décernées par la Société, dans sa séance publique de 1842 ;

1.° A ceux qui auront récolté la plus grande quantité de graines de plantes oléagineuses ;

2.° A ceux qui auront semé la plus grande surface, en plantes fourragères de prairies artificielles, telles que trèfle, luzerne, esparcet, comparativement à l'étendue de leurs terres arables ;

3.° A ceux qui auront semé en chanvre le plus grand espace de terrain ;

4.° A ceux qui auront fait des pépinières ou plantations les plus considérables d'arbres fruitiers et principalement d'arbres résineux et autres forestiers ;

5.° Au valet de ferme ou garçon bouvier qui se sera fait remarquer par son assiduité au travail, son zèle, son intelligence, sa moralité et son long séjour sur la même exploitation rurale et au service des mêmes maîtres ;

6.° A l'élève du cours d'agriculture de l'école normale, qui, au rapport du professeur et du directeur, aura marqué le plus d'aptitude à transmettre les notions qu'il aura reçues, lorsqu'il sera instituteur communal.

Les concurrens devront justifier, par un certificat du Maire de leur commune, pour les quatre premières primes, de l'importance des semis, récoltes ou plantations, et pour le valet de ferme, rapporter une attestation du propriétaire, certifiée véritable par le même fonctionnaire ; la Société se réservant de prendre d'autres renseignemens, s'il y a lieu.

Les diverses pièces concernant le concours départemental de ces cinq premières primes devront être adressées par l'intermédiaire de MM. les Maires, à M. le Préfet avant le 15 juillet 1842.

ART. 4.

Les primes mentionnées dans l'article 2, seront distribuées sur la proposition d'un jury composé de cinq membres de la Société, lequel prononcera à la majorité des suffrages, et pourra s'adjoindre un artiste vétérinaire et de notables agronomes ayant voix consultative.

ART. 5.

Celles proposées par l'article 3 feront l'objet d'une délibération en séance ordinaire de la Société, qui, sur le rapport du jury désignera les lauréats et déterminera la quotité de la prime à décerner en séance publique.

ART. 6.

Les résultats de chaque concours seront consignés dans un procès-verbal, dressé en double expédition, l'une pour être adressée à M. le Préfet, et l'autre pour être déposée dans les archives de la Société.

Mende, le 17 février 1842.

Signés Bouyon, *Président;*

J. J. M. Ignon *Secrétaire perpétuel.*

Pour copie conforme :

Le Secrétaire perpétuel,

J. J. M. IGNON.

Le Préfet du département de la Lozère, approuve le présent programme et invite MM. les Maires à lui donner la plus grande publicité possible.

Mende, le 19 février 1842.

Pour M. le Préfet de la Lozère en congé :

Le Conseiller de préfecture, Secrétaire général délégué,

RENOUARD.

PROCÈS-VERBAL DE DISTRIBUTION DE PRIMES

A la foire de Pâques.

Cejourd'hui quatre avril mil huit cent quarante-deux,

Le Jury nommé par délibération de la Société d'Agriculture, Commerce, Sciences et Arts de la ville de Mende, chef-lieu du département de la Lozère, du 17 mars dernier, composé de MM. BLANQUET, D. M., président; BOISSIER, CHEVALIER, IGNON fils, (Auguste) et VACHIN, après s'être adjoint M. *Renaud*, artiste vétérinaire, s'est réuni dans l'une des salles de la maison de M. ROUS, trésorier de la Société, située sur le champ de foire, à l'effet de procéder au jugement des divers concours pour primes d'encouragement à l'agriculture, dont le programme arrêté par la Société le 27 février dernier, avait été adressé et affiché dans toutes les communes du département par la voie administrative, avec l'autorisation de M. le Préfet.

Le programme ayant été publié à son de trompe, à trois heures de l'après-midi, dans la ville et sur la champ de foire, il a été procédé à l'examen des animaux présentés et à la distribution des primes, ainsi qu'il suit :

Pour le concours des Vaches laitières,

A. M. Portalier (Pierre), propriétaire, maréchal-ferrant, de Rieutort, pour une belle genisse de deux ans et demi, 30 fr.

Pour le concours des Béliers,

A M. Boulet (Antoine), fermier au Bressal à Mende, pour un beau bélier d'un an, laine très-fine et longue, 20 fr.

Pour le concours des Poulains ou Pouliches de 2 à 3 ans,

A M. Buisson (Alexandre), fermier à Lanuéjols, pour une belle pouliche de 3 ans, 30 fr.

Pour le concours des Poulains ou Pouliches de 6 mois à 2 ans.

A M. Longchamp, capitaine, propriétaire à Rouffiac, commune de Saint-Bauzile, pour une belle pouliche de moins de deux ans, 25 fr.

Les primes concernant les taureaux et les mulets ont été ajournées, ceux présentés au concours ne réunissant pas les conditions du programme.

Les récompenses ci-dessus ont été proclamées publiquement par le Jury et payées immédiatement, sur un mandat du Président, par le trésorier de la Société.

Fait et clos, les jours, mois et an que dessus, le présent procès-verbal dont copie sera adressée à M. le Préfet.

Pour copie conforme :
Le Secrétaire perpétuel,
J. J. M. IGNON.

PROCÈS-VERBAL DE DISTRIBUTION DE PRIMES,

A la foire de la Toussaint.

Cejourd'hui 2 novembre mil huit cent quarante-deux,

Le Jury nommé par délibération de la Société d'Agriculture, Commerce, Sciences et Arts de la ville de Mende, chef-lieu du département de la Lozère, des 28 octobre dernier et 2 du courant, composé de MM. Blanquet D. M. président ; Rous, Boissier, Chevalier du Tuffe, et Ignon, fils (Auguste), après s'être adjoint M. Reynaud, artiste vétérinaire, s'est réuni dans l'une des salles de la maison de M. Rous, l'un de ses membres, située sur le champ de foire, à l'effet de procéder au jugement des divers concours pour primes d'encouragement à l'Agriculture, dont le programme, arrêté par la Société le 17 février dernier, avait été adressé et affiché dans toutes les communes du département, par la voie administrative, avec l'autorisation de M. le Préfet.

Le programme ayant été publié à son de trompe, à trois heures de l'après-midi, dans la ville et sur le champ de foire, il a été procédé à l'examen des animaux présentés pour concourir et à la distribution des primes qui a eu lieu ainsi qu'il suit :

Pour le concours des Taureaux,

A M. Pagès, propriétaire aux Pigeyres Basses, commune du Chastel-Nouvel, une prime de 15 fr. pour un taureau, âgé de 2 ans, poil louvet, cornes droites et fortes.

Pour le concours des Vaches laitières,

A M. Galabrun, propriétaire à Rieucros, commune de Mende, une prime de 30 fr., pour une Vache (genisse) âgée de 18 mois, poil maron, les cornes fines et contournées, la tête blanche sur le muffle.

A M. Gervais, de Fontanille, près Mende, une prime de 25 fr., pour une Vache de 3 ans, poil châtain-foncé, le muffle blanc, les cornes minces et droites.

Pour le concours des Béliers,

A M. Courtès, de Mende, une prime de 10 fr., pour un Bélier, âgé de 18 mois, les cornes longues et entortillées, laine fine et crépue.

Pour le concours des Poulains ou Pouliches de 2 à 3 ans,

A M. Mercier, de Gardès, près Mende, une prime de 30 fr. pour un Cheval (poulain), âgé de deux ans et demi, poil bai doré, marqué en tête, deux balzanes postérieures.

Pour le concours des Poulains et Pouliches de 6 mois à 2 ans,

A M. Bouchité, de Saint-Bauzile, une prime de 25 fr., pour un poulain âgé de 5 mois, poil bai maron, marquée en tête, une balzane devant le montoir.

Les récompenses ont été proclamées par le jury, en présence d'un public nombreux, et payées par le trésorier de la Société, sur un mandat du président.

Fait et clos, les jour, mois et an que dessus, le présent procès-verbal, dont copie sera adressée à M. le Préfet.

Pour copie conforme :

Le Secrétaire perpétuel,

J. J. M. IGNON.

CHANVRE.

SUR SA CULTURE ET SES DIVERSES PRÉPARATIONS ;

PAR M. LE V.te DE LAROCHENÉGLY, MEMBRE CORRESPONDANT.

Lettre à M. le Secrétaire perpétuel.

Booz, le 23 septembre 1842.

MONSIEUR,

J'avais préparé, il y a plus d'un an, une notice sur la culture du chanvre en vous faisant part de mes idées et de mes observations, depuis que je m'en suis occupé. Il m'a été impossible de retrouver ce que j'avais écrit à ce sujet, et que je comptais avoir l'honneur de vous adresser. Je vais y suppléer brièvement, en vous priant d'excuser ce qu'il peut y avoir d'incomplet dans le court exposé que je viens vous soumettre. Je ne pensais pas que vous missiez quelque importance à ces notes, ce qui me les a fait négliger, veuillez en agréer mes excuses.

Et d'abord, Monsieur, avant d'entrer dans les détails de la culture du chanvre, ou de sa manipulation, permettez-moi de vous faire part de ma pensée relativement à l'avantage qu'elle procurerait au pays.

J'ai pu l'apprécier par un long séjour en Auvergne où cette industrie est tellement générale que même dans les localités les plus froides, et sur les terrains les plus ingrats, où la végétation se développe difficilement, la culture du chanvre est toujours une des principales.

6.

Chaque cultivateur, même ouvrier, a sa *canebière*, dès qu'il peut disposer de quelques toises de terre. Il en résulte une économie de dépense et un avantage incontestable pour tous ceux qui se livrent à ce travail. Car outre la quantité de linge que les plus pauvres peuvent se procurer, chacun d'eux, toutes les années, peut vendre quelques aunes de toile. Chaque trousseau des plus misérables se compose toujours de plusieurs douzaines de chemises.

Ils font également avec le chanvre et la laine tissée mi-partie, une étoffe qu'ils appellent *tiretaine*, qui sert à leur habillement une partie de l'année. Les tabliers des filles de service sont toujours de cette matière et font partie du gage stipulé lorsqu'elles se louent. Vous avez pu remarquer que presque tous les scieurs de long auvergnats qui vont au loin chercher de l'ouvrage, en sont également vêtus; cette étoffe étant d'une grande durée et fort peu coûteuse.

J'ai vendu, il y a quelques années, une propriété que je possédais dans l'arrondissement d'Ambert (Puy-de-Dôme), où l'un des revenus était le produit du chanvre. L'usage d'affermer les biens mi-fruit m'a forcé de connaître tout ce qui a rapport à cette culture, étant obligé de le faire préparer ou de sous-louer à divers particuliers les parties de terre semées en chanvre par le fermier, qui me revenaient pour ma moitié; car c'est ainsi que cela se fait généralement; ceux qui n'ont pu cultiver eux-mêmes, afferment sur pied le chanvre qu'ils préparent et ouvrent plus tard. C'est un travail de toutes les familles; personne n'achète de la toile. Les mauvais jours de la mauvaise saison, et les veillées d'hiver sont le temps qu'on y emploie, sauf le rouissage qui a lieu au moment de la récolte.

Lorsque j'arrivai dans ce pays-ci, je fus étonné de ne trouver nulle part l'usage de cette culture. Je l'essayai et sans interruption je l'ai continuée jusqu'à ce jour.

Chaque année j'ai récolté du chanvre qui m'a presque toujours bien réussi.

Je ne vous cacherai pas que j'ai été obligé de lutter contre le dégoût et le peu de bonne volonté que m'ont témoigné mes voisins ou les ouvriers même que j'y ai employés : *es pas la mode* me disaient-ils, et tous restaient sourds ou indifférens à tout ce que je pouvais leur dire.

J'avais pensé qu'un des moyens pour les déterminer était d'employer l'influence de MM. les curés. J'en ai parlé à plusieurs, dans mon voisinage : vous vous plaignez, leur disais-je, de l'oisiveté de vos paroissiens et de ses résultats dans les longues veillées d'hiver où, sans aucune occupation, chaque famille réunie à celle de son voisin entoure le foyer, pressés les uns contre les autres ; eh bien, enseignez-leur et engagez-les à cultiver le chanvre, et vous les occupez tous également. Les enfans, les jeunes gens et les hommes à le teiller, les filles et les femmes à le préparer ou le filer. L'été, les bergers même qui sont toujours nombreux dans le pays, puisque chacun a son troupeau particulier, peuvent avoir des quenouilles et filer le chanvre le plus grossier (l'étoupe), et le petit bénéfice que leur procurera ce travail les encouragera à y mettre du zèle et du soin sans nuire à la surveillance de leur troupeau, ainsi que cela se fait en Auvergne. Sans doute les commencemens peuvent présenter quelques difficultés, puisque le travail leur est inconnu, mais ne pourrait-on pas exiger que les institutrices dans chaque paroisse ou village enseignassent la filature à la quenouille à leurs jeunes élèves; quelques encouragemens, un peu de surveillance et surtout quelques conseils dans les instructions du dimanche obtiendraient en peu d'années un bon résultat; la classe pauvre surtout y gagnerait.

Cette question qui ne se présente que comme avantage matériel a son aspect moral beaucoup plus qu'on ne le pense.

Actuellement, Monsieur, à l'appui de ce que j'avance, permettez-moi de me livrer à quelques calculs que je crois pouvoir vous garantir exacts à très-peu de différence. Ils sont le résultat de mes observations et des renseignemens que j'ai cherché à me procurer dans la contrée que j'habite.

Je prends pour exemple la commune d'Auxillac, dont la population s'élève à 800 âmes environ, divisée en un peu plus de 200 familles. Chacune d'elles dépense annuellement en achat de toile pour draps, chemises, pantalons, sacs, etc. une somme qui varie selon le plus ou moins d'aisance de 25 fr. à 100 et 150 fr. Je vous observerai que dans toute la contrée l'usage de transporter dans les draps dits de *cocade* toutes les denrées, blés, paille, foins, regains, etc, occasionne une dépense considérable. Pour ne rien exagérer prenons le terme moyen de 45 fr., voilà donc une somme de près de 10,000 fr. sortant régulièrement de cette commune pour achat de toile. Le même calcul peut être admis pour les 8 communes composant le canton de la Canourgue. Sur les 16 communes des cantons de la Canourgue et Saint-Germain-du-Teil on ne compte pas au-delà de 20 familles qui cultivent le chanvre. Cette plante est inconnue dans le pays et devient un objet de curiosité pour les personnes qui traversent ma propriété.

D'après cet aperçu vous pouvez juger par approximation quelle somme énorme sort annuellement de notre pauvre pays, surtout si vous étendez le calcul aux 193 communes du département.

Quelle est la spéculation, Monsieur, quelle est l'industrie, pouvant procurer au pays un avantage comparable à l'économie qui résulterait pour lui de cette culture si facile? Elle a même été pratiquée long-temps dans ces contrées, puisque dans chaque héritage on trouve toujours la partie de champ ou jardin désignée sous la dénomination de *Canabière*, *Ort de la Chirbe*, etc. L'usage s'en est perdu il est vrai, mais sans cause réelle; elle doit avoir été fortuite.

Il est d'autant plus à désirer d'y revenir que le travail de la laine n'occupant plus que peu de bras, ce serait une occupation et une ressource pour les habitans de nos montagnes.

On devrait donc l'encourager, la propager par tous les moyens possibles; et pour cela, Monsieur, ne pensez-vous pas que c'est surtout à MM. les curés qu'on doit avoir recours en engageant l'autorité supérieure ecclésiastique à leur en faire sentir l'importance. Sans leur concours zélé toute tentative à cet égard sera presque nulle ou infructueuse. Par leur ascendant les populations peu à peu vaincront leur éloignement pour tout ce qui n'est pas en usage chez eux; jusqu'à ce qu'enfin ils en aient compris l'avantage.

La filature serait également facile à introduire en exigeant que chaque institutrice en donnât les premières notions à ses élèves; je parle ici de la filature à la quenouille, la seule qui ne présente aucune difficulté, et qui est la plus facile.

La culture du chanvre est tellement simple et facile que je coirais inutile de vous en entretenir ; cependant je vous ferai part de la méthode qu'on emploie en Auvergne et de celle que j'ai pratiquée ici.

La terre destinée à cet usage doit être travaillée profondément à la bêche ou la pioche, dès les commencemens de l'hiver.

La fumature pour les terrains maigres et légers, doit être faite de fumiers gras et onctueux et bien enterrés. Sur un sol riche au contraire ils doivent être chauds, actifs. Le meilleur est la colombine qui se vend fort cher en Auvergne ; on la sème avec le chenevis et on les recouvre légèrement. La semence en lignes serait la meilleure, si on pouvait la pratiquer sur une plus grande échelle ; parce que lors de la cueillette du premier chanvre elle donnerait plus de facilité pour cette opération.

L'époque la plus propice pour la semence serait du 15 avril au 1.er mai, et elle varie suivant le temps et les localités. Sur les causses, les terrains calcaires ou argileux et tous ceux qui craignent la sécheresse en se serrant ou devenant trop compactes, on doit semer avant la saison des pluies. Sur les terrains schisteux, granitiques et légers on peut retarder de quelques jours ; l'humidité de l'air ou les rosées du printemps pouvant suffire à sa croissance.

Le chanvre, suivant son espèce, doit être semé dru pour le chanvre commun, à 8 centimètres l'un de l'autre, pour le chanvre de Piémont, qui a besoin d'être espacé pour recevoir son développement ; il doit être recouvert de 3 à 4 centimètres de terre. Le rateau à dents de fer et même de bois peut suffire pour ce travail.

Aussitôt qu'il a pris un peu de force, c'est une erreur de croire qu'il ne résiste pas à la sécheresse : peu de plantes la craignent moins, pourvu que la terre ait été préparée convenablement. Il ne la redoute que dans les commencemens.

Le chanvre pivote ; ses racines s'étendent et souvent il va chercher sa substance et de l'humidité jusques dans le sous-sol. J'ai récolté l'an dernier du chanvre de Piémont dont le pivot était enfoncé à 25 centimètres de profondeur, les tiges s'élevant à plus de trois mètres. Cette année il est moins beau ayant été semé beaucoup trop épais.

Le premier chanvre, dit femelle, se récolte à la fin de juillet. Il est facile à distinguer par la fleur dont il est chargé. On attend qu'elle soit flétrie pour l'arracher.

Les femmes et les enfans sont ordinairement chargés de ce travail. On en fait des faisceaux ou javelles de 120 à 150 brins réunis par l'un d'eux.

Le 2.e chanvre portant graine, appelé chanvre mâle, se cueille à la fin de septembre. On le soigne de la même manière en le liant toutefois près le haut de la tige ; puis on le soumet à une autre préparation pour en enlever la graine ; elle consiste à rapprocher les javelles droites pressées l'une contre l'autre en les assujétissant ainsi, et à les recouvrir du faux chanvre arraché, ou autres plantes qui restent sur terre, de manière à former une toiture que l'on charge de mottes de terre, ou de pierres, et à priver la plante le plus possible d'air et de jour. Il s'établit bientôt une fermentation dans le haut de la plante qui, au bout d'une quinzaine de jours, permet d'en extraire la graine que l'on reçoit sur un drap, en frappant légèrement avec un morceau de bois pour la faire tomber.

La méthode usitée dans beaucoup de localités d'enterrer les tiges en les renversant pour exciter cette fermentation est vicieuse, en ce que, si l'on n'y met la plus grande surveillance, elle produit la germination et qu'il se perd beaucoup de graines. L'expérience me l'a démontré.

Le rouissage se fait aussitôt que le chanvre est cueilli, ou séparé de sa graine. On le porte aussitôt dans un creux fait exprès, où il est déposé par couches et assujéti par des pierres ou par des pièces de bois pour le maintenir. On y conduit de l'eau pour que toutes les plantes en soient également recouvertes. Il est laissé dans cet état 6, 7, 8 jours, suivant l'activité de l'eau qui met plus ou moins de tems à dissoudre la gomme qui rend le chanvre inhérent à la plante, de manière à ce qu'il puisse s'en détacher facilement, ce qui doit être essayé plusieurs fois pour s'assurer de la réussite du rouissage avant de le retirer de l'eau.

Il est une autre méthode de rouissage dont je me suis servi aussi avec avantage. Elle consiste à étendre sur une prairie, depuis le soir jusqu'au matin, les javelles de chanvre que l'humidité de la nuit ou la rosée du matin humectent et pénètrent suffisamment pour obtenir le même résultat que par immersion. Elle exige quelques jours de plus et le soin de le recouvrir pendant le jour pour ne pas le laisser exposé aux rayons du soleil qui le tache et lui donne une teinte grise, difficile à lui enlever au blanchissage. Il faut comme pour l'autre procédé s'assurer si la filasse se détache facilement dans toute sa longueur pour être certain que cette opération a eu tout son effet. Elle exige de la surveillance pour ne pas diminuer la force du chanvre que trop d'humidité ou un trop long séjour dans l'eau décompose facilement ; un jour de trop serait nuisible.

Dès qu'il est hors de l'eau, il faut se hâter de le faire sécher à l'air ou au soleil, le resserrer et le déposer dans un lieu sec et aéré, jusqu'au moment de s'en servir.

Le tillage est le meilleur moyen, quoique long, de séparer la filasse de son bois. Il est préférable au massage (ou *bargage*, terme du pays) qui a l'inconvénient d'affaiblir la ténuité du chanvre.

Le chanvre une fois séparé et mis en *flottes*, ou grosses poignées, est porté sous la meule, du moulin à huile ou mondage de l'orge, et retourné avec prestesse à chaque rotation de meule, pour l'adoucir, et le rendre propre au peignage. Cette opération demande du soin et de l'adresse. C'est ordinairement l'ouvrage des femmes.

Le peignage se fait avec des cardes en bois, armées de longues pointes en fer, sur plusieurs rangs, et plus ou moins rapprochées suivant la finesse qu'on veut obtenir, elles servent à séparer le *plein* de *l'étoupe*. Peu de temps suffit pour donner l'usage de cet instrument.

Voilà Monsieur, une lettre plus longue que je ne le croyais d'abord ; vous pourrez en extraire ce que vous jugerez convenable, si vous adoptez quelques unes de mes idées. Tout autre, beaucoup mieux que moi, aurait pu vous donner ces renseignemens ; mais enfin puisque vous les désirez, je vous adresse ceux-ci tels qu'ils sont.

Agréez, Monsieur, etc.

Vte De Larochenégly.

PENSÉES ET CARACTÈRES (*);

PAR M. BOUYON, PRÉSIDENT.

Ne nous donnons jamais un talent que nous n'avons pas; et si nous avons un talent, parlons-en toujours avec modestie.

A la rigueur nous pourrions nous dispenser d'avoir des théâtres; ne sommes nous pas toujours à la comédie?

Bien souvent nous ne sommes pas fâchés que l'on pense ce que nous n'avons osé dire.

A quelques exceptions près, les romans, surtout les romans du jour, gâtent le cœur, l'esprit, le goût; et leur lecture n'apprend rien : ceux que nous qualifions d'historiques, ne nous donnent qu'un simulacre d'instruction; ou, si l'on veut, qu'une instruction fort incomplète, lorsqu'elle n'est pas fausse. Mais ils sont si bien écrits !... C'est presque toujours ce qui aurait grandement besoin d'être démontré.

Avec quel plaisir la femme commande à l'homme! quand elle peut.

Pourquoi dans l'occasion ne vous serait-il pas permis de dire ce que vous valez? mais n'en élevez

(*) Dixième suite.

pas trop le prix ; et gardez-vous de donner de l'importance à ce qui n'en mérite point ; rien n'est plus ridicule.

Tant que l'homme sera sur la terre, il voudra quelque chose. Il trompe les autres, en se trompant quelque fois lui-même, celui qui nous dit : moi, je ne veux rien.

Je n'étais pas très-heureusement placé l'autre jour au sermon. Mon voisin de droite ronflait en dormant ; à ma gauche, se trouvait certain personnage qui, en étendant largement ses bras avec grimaces et contorsions, bâillait à mâchoire rompue ; il m'avait mis dans une disposition fatigante. Restez donc chez vous gens qui dormez et bâillez de la sorte. J'étais loin d'en vouloir à cette jeune et intéressante personne que le plaisir sans doute avait endormie ; on voyait la douce satisfaction peinte sur sa figure, quelle sérénité ! que l'on dorme ainsi, à la bonne heure.

Prenons le plus malin : il a beau tendre son esprit, ouvrir l'œil et l'oreille, il est encore attrapé.

En souhaitant la patience à vos dames, il me paraît juste, Messieurs, de vous la souhaiter aussi.

Ne vous élancez pas trop rapidement, si vous voulez être le maître de vous arrêter.

Quelle malheureuse facilité vous avez, Madame, à dire des choses déplaisantes.

Si, du moins, dans nos maux, les médecins savaient nous donner le courage et la patience !

Le pervers voit chez les autres ce qu'il trouve dans lui-même.

Plus je réflechis sur les éléments qui composent une société un peu nombreuse, plus il me paraît difficile de trouver de bons moyens de liaison. Mais voici ce qu'il me souvient d'avoir vu dans une ville que j'habitais jadis : Madame Lamartinière, d'un abord gracieux et prévenant accueillait parfaitement les personnes honnêtes, c'était son mot, qui avaient la complaisance de venir chez elle. Jamais elle ne faisait d'acception, bien persuadée qu'une distinction, même peu marquée, entre les personnes que l'éducation et le talent réunissent, déplaît et bien souvent offense ; l'étude attentive des différents caractères l'avait mise à même de faire plus à propos ses petites dispositions sociales. Dans une soirée, après avoir tout ordonné en détail, elle avait soin de jeter de temps en temps son coup d'œil observateur sur l'ensemble de la réunion, s'assurant ainsi que les choses allaient à son gré, et autant que possible, au gré des autres. Sans que son intention parût, elle avait eu l'adresse d'insinuer, si je puis dire avec persuasion, que pour le bien de tous, il était essentiel que chacun fit momentanément le sacrifice de sa volonté propre et quelque fois de son goût. S'il en était autrement, où en serait la maîtresse de la maison? N'y aurait-il pas du ridicule encore qu'une Dame, qu'un Monsieur, disparût de la société, parce qu'il y verrait quelqu'un d'une humeur contraire à la sienne, ou dont la figure ne lui reviendrait pas?

Il est sûr que chez Madame Lamartinière, nous passions nos heures fort agréablement, et qu'en nous retirant, nous songions tous avec plaisir à la soirée du lendemain.

On eut raison de ne pas me nommer lieutenant ; car je désirais avoir deux sous-lieutenants, et, je ne voulais pas d'un capitaine.

Tout le monde aime le petit mot, quand il ne blesse pas.

J'ai toujours remarqué que l'homme qui, sachant un peu de tout, a coutume de beaucoup parler sur tout, est incapable d'écrire sur rien, même mal : sa plume ne sait pas aller.

L'observateur, s'il veut n'être qu'utile, doit fermer les yeux pour ne plus voir celui qui l'inspira.

Malheureusement pour le genre humain, il est des torrents contre lesquels la digue est trop souvent impuissante.

Il a une qualité précieuse celui qui, en société, ne dit jamais rien qui puisse blesser une oreille delicate.

En fait de langue, lorsqu'un nouvel usage arrive de la halle, chose peu rare à Paris ; les Grammairiens, par raison, par prudence, appréciant peu d'ailleurs ce qui vient d'une telle source, aiment mieux suivre le nouvel usage un peu plus tard qu'un peu plutôt. A la vérité, ils se trouvent souvent en butte aux plaisanteries de l'homme de la foule, mais ils ne s'en inquiètent pas.

Que ne puis-je être bien persuadé du contraire ! la méchanceté, dans l'homme, s'accroît d'une manière bien plus rapide et bien plus forte que la bonté.

Donnez la main à qui vous présente la main ; mais ayez quelque réserve pour l'initiative.

Il est des gens qui se permettent tout, tandis qu'ils ne veulent rien permettre aux autres.

Dans une position élevée, M. de Saint-Germain usait volontiers de son influence en faveur de l'homme qui avec de bons motifs, avait recours à lui. Il était reconnaissant des services rendus sur son invitation ; mais le refus devenait une véritable offense à son amour-propre : il oubliait le protégé pour ne s'occuper que du refus ; et les bonnes raisons ne l'empêchaient pas toujours d'être injuste.

Combien de gens que l'on ne connaîtra jamais bien ! et, communément, ce n'est pas pour eux qu'on peut dire tant pis.

Mauvaise habitude que celle de mentir, même en plaisantant, accoutumons-nous à toujours dire la vérité, n'y eût-il au fond point de mal à ne pas la dire.

Qui est-ce qui peut dire aujourd'hui sans témérité je ne suis pas aveugle sur la fortune des autres ?

En vérité, je plains ceux qui ne fument pas. Que d'agréables moments cela donne! et c'est fort joli de voir un groupe d'hommes bien élevés, d'une mise décente, ayant tous un cigarre ou une pipe à la bouche. Ce n'est pas tant mieux pour les profanes qui circulent; mais pourquoi ont-ils le goût aussi suranné? c'est bien assez que la longue pipe du Turc ne vienne pas leur pocher un œil : ils me donneraient de l'humeur ceux qui n'aiment pas la douce vapeur du tabac. Par bonheur il devient tous les jours plus rare d'en trouver. Je demande aux personnes qui appartiennent au bon vieux temps, si l'on éprouva jamais, dans les salons, cette jouissance que donne aujourd'hui l'homme y arrivant de nos lieux embaumés. D'abord il n'y a pas d'essence dont les habits s'impregnent mieux que le parfum du tabac, et il se répand avec une promptitude singulière; en moins de deux secondes tout le monde en profite. A Paris, dit-on, bien des Dames commencent à fumer; la faveur du Ciel arrive à son comble. Quand aurons-nous donc ici le plaisir de voir une jolie main blanche soutenir le cigarre tenant à une bouche vermeille qui nous enverra gracieusement ses bouffées odorantes!

On en voit plus d'un qui feraient bien d'étudier, au lieu de passer le temps à exercer la critique.

Nous dirons tous volontiers au méchant : savourez bien le plaisir de mordre vos semblables, nous n'envions pas votre bonheur.

Lorsqu'on ne connaît pas telle ou telle science dont il serait bon de parler quelquefois, il faut tâcher de faire l'acquisition de certains mots ronflants qui lui appartiennent, et contracter l'habitude de s'en servir avec le ton de l'érudit ; cela produit, en général, un grand effet chez nos juges de société.

Si nous savions comme il est difficile de bien juger les actions des autres, et, combien nos jugemens sont à leur égard incertains, nous nous bornerions à nous juger nous-mêmes.

Préférer la société où l'on rit à la société où on a l'avantage de ne pas rire, l'on bâille! Il n'y a qu'un Pierre-le-gai qui puisse avoir ce goût ; c'est du vulgaire tout pur.

St-Léon a beaucoup d'esprit, dites donc beaucoup de babil. Mon ami paria pour l'esprit ; nous dinâmes à ses frais.

Ces scrutateurs éternels de la fortune d'autrui sont insupportables ; on aperçoit toujours chez eux l'esprit jaloux et méprisant qui les anime.

Dans le monde, rire sans motif, c'est tout simplement une puérilité ; rire lorsqu'il faudrait être sérieux, c'est l'inconvenance du sot.

Je ne vous dirai point : n'ayez pas peur, ma recommandation serait peut-être inutile ; mais que l'on ne vous voie pas trembler.

Si vous saviez, Madame, ce qu'il m'en a coûté pour bien parler, surtout pour parler à propos ! eh!

Monsieur, il m'en a bien coûté d'avantage pour parvenir à me taire.

Il répugne presque autant à l'homme probe et aux sentimens délicats, de dire lui-même ce qu'il est, que de recourir, pour le dire, à la voix d'un autre.

Avant de solliciter en faveur de quelqu'un, considérons bien jusqu'à quel point ce que nous demandons contrarie les desseins et le goût, touche aux intérêts de la personne à laquelle nous voulons nous adresser ; cette précaution nous épargnera souvent un refus, toujours peu agréable, bien qu'il puisse être fort naturel et suivant la raison.

S'il est souvent difficile de bien rouler une pensée ; il n'est pas toujours aisé de la bien dérouler, au moyen d'exemples frappants.

Il y a dans le monde une bonhomie que nous devrions un peu mieux remarquer, la bonhomie qui fait des dupes.

Tel matelot fut tremblant tout le temps de l'orage, qu'arrivé au port, il vante son sang froid et son intrépidité. Je laisse à chacun de vous le plaisir de faire une application ; l'occasion sans doute ne sera pas difficile à trouver.

Que de *pourquoi* indiscrets chez Paul !
Combien de *parce que* embarrassés chez Louis !

C'était le mot d'un plaisant : tout ce que le créateur a fait, est bien fait, même la femme coquette.

Continuez à rêver en veillant puisque vous le faites par plaisir ; pour moi, je tâche de ne rêver qu'en dormant.

Tant que nous serons aussi susceptibles que nous le sommes, n'espérons pas de nous réunir d'une manière durable.

Le bon homme Thomas ne sut pas m'en dire la raison : lorsqu'il voyait un médecin guérir son malade, il en était tout étonné.

Nous consentons volontiers que vous leviez la tête, pourvu que vous nous permettiez de hausser les épaules.

Il est de notre devoir de donner à chacun ce qui lui revient ; mais il y a des circonstances où il importe essentiellement de ne donner que ce qui revient.

La science ne rit guère ; aussi nos dames à prétention de savoir ne manquent pas de prendre cet air de gravité qui impose. Mais placez-vous derrière la toile lorsqu'elles sont en petit comité, vous les entendrez ne parler, comme les autres, que de rubans, de bonnets, de chapeaux ; et bien mieux et plus gaiement que les autres, toujours elles mêlent dans les colifichets le mot contre le voisin et la voisine. La porte s'ouvre ; l'ombre du savoir reparaît, plus de futilités, plus de propos. On dirait un petit aréopage littéraire ; et c'est devenu, véritablement, une école de discrétion.

Avant de songer à donner de l'instruction aux autres, voyons d'abord si nous en avons assez pour notre propre usage.

Chez l'homme bon et sensible, le plaisir d'avoir fait un heureux, effacera bientôt le souvenir des peines et des ennuis qu'il aura éprouvés.

En dépit de quelques innovateurs, pédants à oreille rude, le Français heureusement organisé; aura soin de s'abstenir, même dans le discours soutenu, de toute liaison qui blesse l'harmonie.

Que de gens qui, avec la plus grande envie, et avec la meilleure volonté de savoir, n'ont jamais rien su !

Quelquefois la nature a des torts, mais bien souvent elle pourrait nous rappeler cette vérité : *il ne suffit pas de vouloir.*

Il a été reconnu que l'homme d'esprit et de science additionne lentement : je fus enchanté lorsque Pluche me le dit, et, dans l'occasion, je n'ai jamais manqué de me faire un mérite de mon peu d'aptitude pour l'addition.

J'aime beaucoup une qualité qui me fait homme d'esprit.

Si je ne voulais être ni hargneux ni malin, je commencerais par demander au Ciel une bonne santé.

Il se passe aujourd'hui dans notre monde tant de choses qui tiennent du roman !

Dans la persuasion sans doute que c'était aux autres de lui plaire et non à elle de plaire aux autres, la dame Angéline avait coutume de donner sa haute maussaderie en échange des manières prévenantes et honnêtes des personnes qui avaient l'honneur de lui faire des visites. On se demandait si son exemple était à suivre.

M. Robert connaissant un peu le wist, se plaît beaucoup à le voir jouer. C'est un jeu bien attachant; même lorsqu'à la manière des Français, on n'y met pas toute la gravité qu'il demande. La table de wist est pour notre amateur un petit théâtre où le jeu des acteurs ne l'occupe pas moins que le fond de la pièce. Ah! dit le Grec, en haussant les épaules, comme vous jouez, *Monsieur*! Le malheureux partenaire tremble... sue... et n'en joue pas mieux. Cyprien qui ne connaît d'autre règle que son déplaisant caprice, joue à tort et à travers, faisant néanmoins la leçon à tout le monde. L'un toujours à cheval sur le principe, n'entend à aucune modification, quelles que soient les circonstances; jamais il n'a connu ce que nous appelons l'idée du joueur, cette sorte d'inspiration qui nous est chose précieuse dans le succès. Comment trouvez-vous ce roi, dit l'autre? C'est le neuf de trèfle: pour cette fois, il n'y a pas grande méprise; il ne reste dans les mains de l'adversaire que le dix et le valet. Jouez donc... Le Monsieur, assez peu léger de son naturel, a saisi la pauvre dame de pique; la seule carte de la couleur; il la tourne, la retourne, la pince; enfin, il se décide à la donner, mais en la suivant des yeux. L'as est ici, j'en suis sûr. Au lieu de venir de la droite, il arrive de la gauche: n'est pas toujours sorcier qui doit l'être.

Eugène joue mal, et il ne cesse de le dire, mais tout en le disant, on voit qu'il a quelque peine à le croire. Une carte ou un fagot ; cette expression n'est ni honnête, ni bonne ; d'abord il n'y a que le ton de la plaisanterie qui puisse la faire tolérer. L'atout est cœur et vous coupez d'un pique ? A qui, s'il vous plaît, ce roi ? Le voisin venait de le donner. En voici bien d'une autre ; vous avez renoncé deux fois à carreau et vous en jouez maintenant... Il faut en convenir, elle n'amuse pas plus les joueurs que la galerie, la personne qui, dans une partie de wist, tient toujours en campagne ses yeux, ses oreilles et son esprit : on n'ose pas dire que parfois elle est fatigante. Jules devrait bien, je ne dis pas apprendre, il a trop d'esprit, mais se souvenir de ne jouer qu'à son tour.

Sans qu'il y ait exacte comparaison, la manière curieuse dont Adolphe fait résonner avec le bout des doigts toutes les cartes de son jeu, en les parcourant toutes d'un trait, rappelle certain accordeur de piano qui, après avoir fait entendre rapidement au moyen de son petit carton vingt notes pour arriver à la corde du *mi* qu'il veut régler, par un coup de son adresse, fait tourner la cheville du *fa*.

Madame vous avez montré la carte, elle est jouée ; c'est une pure inadvertance ; je n'ai pas pu vouloir mettre le neuf sur le dix, ayant le valet. - C'est joué. bien que l'on ne soit pas dans une académie, Mr Robert approuve, en pareil cas, la sévérité sans distinction de personnes ; mais qu'on n'aille pas demain contre ce que l'on fait aujourd'hui. Par exemple, lorsqu'une dame est condamnée, on peut, sans compromettre ni le jeu ni les joueurs accompagner l'arrêt d'un petit mot galant ; et cela est Français.

Il n'est pas dans la nature que celui qui gagne soit triste; mais il y a loin d'un peu de gaité, à la ricanerie, à cette ricanerie désagréable qui est devenu chez Adrien un mal d'habitude. A la vérité il rachète son petit défaut par sa morosité dans la perte.

Ce qui est encore amusant qu'il n'y a pas de carte qui ne soit bien défendue; que le joueur qui la donne soit faible ou fort, on trouve où l'on veut toujours trouver des raisons pour la soutenir; de là quelques divagations.

Pour nous tous, je le crois; il n'y a pas de parfum plus agréable que celui de l'encens.

Ce n'est pas une étude inutile que celle de l'homme qui cherche, en toutes choses, à bien déterminer le point de la position où il arrive, mais qu'il ne doit pas dépasser.

Pourquoi, disais je à quelqu'un, laissez-vous sortir vos paroles d'elles mêmes? vous voyez quelles phrases elles forment: tantôt puériles ou ridicules, tantôt disparates, et plus d'une fois offensantes.

Il faut en convenir, très-souvent le créancier mérite des reproches; mais il n'est pas rare, que le débiteur un peu vivement pressé, peut-être par la force des circonstances, devienne injuste envers celui qui l'obligea d'une manière désintéressée, quelquefois même avec le cœur du véritable ami.

Si je suis grand partisan du naturel, ce n'est pas une raison pour que j'aime vos expressions niaisement claires.

Quelles belles fonctions que celles de conciliateur ! oui ; mais si ce sont deux fous que l'on met en présence ?

Arrivés à la grande galerie, nous prîmes la colonne montante ; il y avait affluence. J'étais avec mon ami de Rasecourt, bien nommé je vous l'assure ; il se rasait tous les jours au moins deux fois. L'idée m'en vint d'observer nos figures ombragées ; et, par événement, dans la colonne descendante il y en avait bon nombre.

Cette barbe d'un beau noir, est richement fournie. C'est dommage que l'individu soit si court, et qu'il ait une figure maigre et pâle.

En voici un qui paraît enchanté de sa grande barbe blonde, comme si le blond faisait une très-jolie barbe.

Ha ! le jeune homme vient de prendre une bavaroise, sa barbe le chante ; n'est-ce pas que c'est ragoûtant ?

Et cette barbe sablée, fond marron, comment la trouvez-vous ?

Depuis long-temps, je cherchais une barbe panachée, la voici enfin ; une, deux, trois ; Elle est tricolore, et à panaches bien tranchants. Un œillet pareil serait curieux.

On est ébloui de cette barbe flamboyante feu de Madrid !

Ne remarquez-vous pas dans celle-ci quelques pointes jouant le tire-bouchon ? Nous arriverons bientôt aux papillotes. Au reste, celui qui s'est fait couper les cheveux peut bien employer son coiffeur à lui frisotter la figure.

Laissons ce menton à petits bouquets rares ; ce n'est pas une barbe.

Les deux barbes qui se présentent, sont deux barbes de bouc. Ma foi, cette ressemblance en vaut bien une autre.

Barbe blanche et perruque noire avec passe-poil, couleurs mêlées : adjugé le prix des contrastes.

En voilà une qui se recourbe, en tranchant affilé, vers l'œil heureux qui la contemple.

Il me répugne de voir cette barbe fourrée, taillée en brosse, et qui nous offre l'apparence d'un amas de petites perles dégoutantes par leur couleur gris sale. Je crains que le souvenir ne me poursuive.

Voyez donc ce jeu bizarre de la nature. Un massif de gazon blanc avec bordure noire ; ne dirait-on pas que le pinceau s'en est mêlé ?

Il peut se vanter, le beau Monsieur, d'être le *nec plus ultrà* des barbus ; le bout du nez et les yeux, c'est tout ce qui reste de sa figure ; et je gage que ce n'est pas sa faute s'il y voit encore, car on aperçoit entre ce qui garnit le dessus et le dessous des yeux, une intention de former le berceau. Si j'étais riche et jeune, je donnerais avec plaisir une bonne partie de ma fortune pour avoir un signe aussi parfait d'animalité. Soit dit en passant, j'ajouterais volontiers les ongles griffes.

Je voudrais bien qu'il prît fantaisie à un habile peintre de faire un tableau qui réunît avec vérité les différentes barbes du jour ; ce serait pour l'amateur fleuriste, une corbeille d'hiver d'un genre neuf ; je suis sûr que nos petits neveux s'en amuseraient fort.

PRIX DE VERTU,

SUR

LES AVANTAGES DE LEUR INSTITUTION,

DISCOURS

PRONONCÉ DANS LA SÉANCE PUBLIQUE DU 15 SEPTEMBRE 1842,

PAR M. THÉOD. TUFFIER, MEMBRE CORRESPONDANT.

MESSIEURS,

Le premier sentiment que j'éprouve en me trouvant parmi vous est celui de mon insuffisance au milieu de tant d'hommes d'un mérite distingué et éminent dont je me vois environné. Je dois y joindre celui d'une bien vive et d'une bien juste reconnaissance pour l'honneur que vous voulez bien me faire en me créant un des vôtres, et en me permettant ainsi de m'éclairer de vos lumières et de votre expérience.

Vous avez voulu, Messieurs, récompenser par là de premiers essais littéraires, bien imparfaits sans doute, mais dans lesquels votre indulgence vous a fait entrevoir peut-être des gages, ou du moins des espérances pour l'avenir. Je vous en remercie, et j'éprouve en ce moment le besoin de vous exprimer qu'en m'admettant dans cette assemblée, composée de tout ce que notre département compte d'hommes de mérite et de talent, et à laquelle je suis heureux et fier d'appartenir, vous me procurez la plus douce récompense de mes travaux passés et les plus nobles encouragements pour mes travaux à venir.

Ces sentiments que je me plais à vous exprimer prennent encore un caractère plus intime et une expression plus vive lorsqu'ils s'adressent au digne président de cette assemblée et à l'homme modeste et éclairé qui a contribué à fonder cette Société, dont les savants et utiles travaux sont consacrés depuis si long-temps à faire ressortir les gloires de notre département et dont les talents, comme des rayons calmes et bienfaisants, ont exercé une si heureuse influence sur nos paisibles contrées. Grâces au Ciel, il peut s'applaudir de ses généreux efforts ; les germes qu'il a semés ont déjà acquis et acquerront encore, nous l'espérons, des développements nouveaux, et en voyant les heureux effets et les bons résultats de cette sage et utile institution, nous pourrions nous en réjouir dans cette enceinte, si, dans ces jours d'un deuil général, les élans de la joie nous étaient permis et si vos vœux, comme le mien, n'étaient vivement pénétrés du malheur aussi affreux qu'imprévu qui vient de frapper la France dans ses plus chères affections, comme dans ses plus chères espérances. Le Prince que nous pleurons, Messieurs, naguère, brillant de jeunesse et d'avenir, parcourait notre département, laissait partout des témoignages de sa munificence et faisait ainsi, par des bienfaits, l'apprentissage du trône. Si la douleur a pénétré dans tous les cœurs, si la France entière s'est couverte de deuil, lorsque a retenti ce cri funèbre : *le Prince se meurt ! le Prince est mort !* quels plus justes motifs n'avons-nous pas de déplorer cette fin prématurée, nous qu'il avait déjà prévenus par ses bienfaits et dont il se proposait sans doute d'améliorer un jour la destinée, comme il se proposait le bonheur de la France. Dans les sentimens de douleur et de justes regrets que doit nous inspirer une mort si déplorable, n'oublions pas surtout que la meilleure manière de pleurer ceux que nous avons perdus c'est de consacrer l'époque de leur mort par des actes de bienfaits et de continuer, autant qu'il est en nous, le bien qu'ils auraient fait eux-mêmes; c'est ainsi qu'en interprêtant leurs intentions on honore dignement leur mémoire et qu'on brûle en leur honneur un encens d'autant plus pur et d'autant plus précieux qu'il s'élève de l'autel même de la bienfaisance.

Consacrons donc cette époque, et que dès ce jour se fonde une de ces institutions qui se rattachent au bien-être et à l'amélioration d'un peuple qui nous est cher à tous, à tant de titres.

Le projet que je viens vous proposer aujourd'hui, Messieurs, est depuis assez long-temps le rêve le plus cher de mon cœur; il vous sourira, j'en ai l'assurance, parce qu'il a pour objet de donner à la Société, dont j'ai l'honneur de faire partie, une importance toute nouvelle; il sourira surtout à vos cœurs, parce qu'il leur procurera la plus douce des prérogatives dont puissent jouir des cœurs nobles et bien nés; celle d'honorer et de récompenser la vertu.

C'est une heureuse remarque à constater, Messieurs, que notre département a conservé, peut-être plus qu'aucun autre pays de France, le cachet de ce caractère primitif et antique, qui est la source des vertueuses inspirations et la sauve-garde des bonnes mœurs. Les sublimes enseignemens de la religion, joints à l'isolement des campagnes, contribuent puissamment sans doute à entretenir cette simplicité native et à développer, en les épurant, les affections de famille, les sentimens purs, dévoués et généreux et toutes les inspirations nobles et simples comme la nature, fortes et durables comme elle, dans des cœurs qui ne se sont jamais trouvés en rapport avec les passions du monde. Mais empressons-nous aussi de reconnaître qu'à côté de cette noblesse et de cette simplicité de mœurs, de cette beauté presque idéale de caractère se trouve souvent bien des peines méconnues, bien des souffrances inconsolées, et que si, nulle part peut-être sur la terre de France, il n'existe des vertus plus pures, nulle part aussi la vertu ne fut soumise à de plus rudes épreuves.

Platon a dit que le plus beau spectacle que le ciel se plut à contempler sur la terre, c'était celui de l'homme de bien aux prises avec l'adversité. Ce spectacle, Messieurs, ne s'offre que trop souvent parmi nous; sur le sol que nous habitons, s'agitent et s'éteignent sans nom des souffrances et des vertus inconnues aux hommes, et qui se cachent dans le sein de Dieu. Que d'actes de dévouement et d'abnégation entière, que d'actions généreuses, que d'héroïques et touchants sacrifices empreints de toute la sublimité de la vertu, n'auraient pas à nous redire les échos de nos montagnes, si nous les interrogions! naguère encore, l'Académie française venait choisir dans notre département le front sur lequel elle déposait la plus belle de ses couronnes, et cette existence passait inaperçue parmi nous, tant parmi nous la vertu est commune!

La plupart de ces âmes d'élite remplissent généreusement jusqu'au bout l'obscure et noble mission que la providence leur a tracée, quelques-unes cependant, vaincues par la douleur, chancèlent au milieu de la carrière, et l'on ne voit que trop souvent la misère et la désolation venir s'asseoir sur le seuil qu'habite la vertu.

Ce spectacle, Messieurs, a quelque chose de bien triste et de bien affligeant, vos cœurs eussent été certainement navrés de douleur, si comme moi vous l'eussiez vu de près, si vous en eussiez caculé les angoisses et mesuré toute l'étendue et l'amertume. Ces maux sont trop graves, ils ont quelque chose de trop déchirant, pour que vous ne cherchiez pas à relever ces vertus qui tombent, et à leur apporter quelques consolations et quelques soulagemens, du moins autant qu'il est en vous.

C'est un témoignage que l'on se plaît à rendre à la Société, qu'elle a jusqu'ici bien mérité du département; favoriser l'Agriculture, le Commerce, les Arts; répandre et propager les découvertes avantageuses; créer de nouvelles ressources; simplifier les moyens connus; diriger tous ses soins, ses travaux vers l'utilité publique, et le bien-être des habitans de notre pays, c'est là sans contredit avoir rempli dignement son œuvre.

Cependant, Messieurs, tout n'est pas fait encore, tant qu'il reste une noble tâche à remplir. Des préoccupations matérielles élevons-nous aux considérations morales, et si nous récompensons l'Agriculteur qui a nourri le plus beau taureau ou la plus belle génisse, la fidélité, la moralité et les longs services du valet de ferme chez les mêmes maîtres, n'oublions pas le vieillard septuagénaire qui a dignement élevé une nombreuse famille, qui, dans le cours d'une longue et belle existence, a été pour tous l'exemple de la probité, du travail, des vertus austères et dont la vie tout entière s'est passée à bien faire; n'oublions pas la jeune fille s'oubliant elle-même pour se consacrer à soigner ses vieux parens, n'ayant pour fournir à leur subsistance que le fruit de son travail, de ses épargnes, et trouvant dans son dévouement même la plus douce de ses récompenses; n'oublions pas tant de genres d'abnégation, de mérite et de vertu, dont les exemples ne sont pas rares dans notre département, et qui se reproduiront sous toutes les formes, lorsque vous serez appelés à les juger ; qui émouvront profondément vos cœurs, et ne vous laisseront souvent que l'embarras du choix. Ce sont là vous le sentez, Messieurs, des soins qui ne peuvent échapper à l'attention des hommes qui comme vous sont animés du désir du bien, et qui sont appelés, par leur mérite et leurs lumières, à exercer une heureuse influence sur les populations qui les environnent. Aussi c'est avec une pleine confiance que je viens vous proposer aujourd'hui de consacrer une de vos séances solennelles à décerner un prix de vertu, et à couronner tous les ans la personne habitant le département de la Lozère, qui, d'après les mémoires qui vous auront été transmis, et les renseignemens que vous aurez recueillis vous-mêmes, vous aura paru la plus digne de ce prix.

Ces pieuses sollicitudes consacrées à la vertu, et surtout à la vertu malheureuse, vous honoreront, Messieurs, et, plus d'une fois, j'en suis sûr, rempliront vos âmes des satisfactions les plus douces : elles auront pour résultat d'apporter dans les familles pauvres, méconnues et délaissées, la joie, la sérénité et peut-être aussi quelque aisance ; elles inpireront une nouvelle confiance à beaucoup d'âmes qui souffrent, elles soutiendront bien des vertus qui chancèlent, elles affaibliront les progrès du mal, en même temps que, par un heureux contraste, elles donneront un nouvel élan à tous les sentimens vertueux ; elles uniront d'une manière plus intime et plus étroite, tous les honnêtes gens à l'autorité, alors qu'ils seront convaincus que l'administration, comme une seconde providence, veille sur eux d'une manière si bienveillante et si paternelle, et pour vous, Messieurs, elles inscriront vos noms parmi les bienfaiteurs de l'humanité.

Et, ne nous effrayons pas dès l'abord des obstacles qui pourraient environner cette fondation nouvelle; n'eussions-nous en commençant qu'une couronne de ces fleurs simples comme la vertu, modestes et immortelles comme elle, ce serait assez pour jeter les premiers fondemens; car n'oublions pas, qu'il est dans la destinée des œuvres de ce genre de cacher toujours quelque chose de providenciel; ayons le courage de l'entreprise et le Ciel, soyez en sûrs, achevera le reste.

Je ne sais, Messieurs, si mes désirs parent de couleurs trop brillantes la solennité dont je vous propose l'établissement, mais supposons pour un instant que cette fête est déjà établie, et qu'elle est célébrée à cette époque de l'année où, après les rigueurs de l'hiver, le soleil, comme un ami long-temps perdu, répand sur les campagnes ses plus doux rayons, *où tout est parfum sur la terre, opulence et harmonie dans les cieux*, figurez-vous l'auguste et vénérable prélat qui préside à ce diocèse, et dont le cœur et toujours jeune et plein de zèle pour concourir à tout ce qui est bien, consacrant cette fête touchante par la pompe des cérémonies religieuses, représentez-vous le premier magistrat du département, dirigeant et réhaussant encore par sa présence, l'éclat de cette solennité; voyez ce nombreux concours inondant les portiques, et applaudissant avec transport aux actes de dévouement, d'abnégation, de bienfaisance, qui ont rempli quelquefois une vie toute entière, et qui sont proclamés au grand jour, au milieu de l'encens des fleurs, au bruit des fanfares, aux acclamations de tout un peuple!..

Je vous le demande, Messieurs, un pareil spectacle n'est-il pas bien capable d'émouvoir profondément les âmes, d'y éveiller toutes les sensations généreuses, de les élever jusqu'à l'enthousiasme de la vertu, et ces scènes touchantes en se renouvelant d'année en année, ne peuvent-elles pas agir puissamment sur notre population tout entière, et lui imprimer un essor vers ce qui est bon, honnête et beau, dont les germes, en améliorant la génération présente, fructifieront encore pour les générations à venir?

Messieurs, je tiens à mon pays du fond de mon âme; en cherchant les moyens de lui être utile, j'ai rencontré celui que je viens de vous exprimer; je me félicite de pouvoir le produire devant vous, dans un temps où le département est assez heureux pour avoir à la tête de son administration un magistrat qui joint la sagesse et la maturité du conseil, à l'élan de la jeunesse, dont le cœur sincèrement dévoué à notre pays, est toujours disposé à concourir à tout ce qui peut contribuer à son amélioration et à son bien-être.

Je suis heureux surtout, Messieurs, de vous développer ce projet devant le personnage estimable à tant de titres, que son mérite a élevé aux premières dignités du royaume, et qui fait aujourd'hui l'ornement et la gloire de notre pays.

ESSAIS

SUR LA CULTURE DE LA GARANCE

DANS LE DÉPARTEMENT DE LA LOZÈRE.

2e RAPPORT

FAIT, DANS LA SÉANCE DU 23 NOVEMBRE 1843;

PAR M. BORELLI DE SERRES, VICE-PRÉSIDENT.

MESSIEURS,

Dans le rapport que j'eus l'honneur de vous faire, en 1841, sur la culture de la garance, je m'engageai à vous faire connaître le produit de mon quatrième essai sur un terrain vierge, et le résultat obtenu après assolement sur la partie de terre consacrée à mes premières opérations.

Comme dans mon précédent rapport, je vais établir le tableau par *doit* et *avoir* de mes dépenses et de mes recettes. C'est, en quelque sorte, le résumé des opérations que nécessite la culture de la garance, et l'indication la plus vraie des dépenses de chacune d'elles.

Ces deux tableaux compléteront la série d'essais que j'ai entrepris en 1837, et constateront les avantages considérables que l'on pourrait tirer de la culture en grand de la garance et des assolemens.

Cependant, Messieurs, je dois vous déclarer que, malgré les meilleurs résultats obtenus, je suis obligé de cesser cette culture; et dans les avantages qu'elle présente, comme dans l'intérêt des propriétaires qui voudraient l'entreprendre, je crois devoir vous faire connaître les motifs qui me la font abandonner.

Cette culture exige des travaux importans et une surveillance de tous les instans. Le défoncement est un travail que chacun peut apprécier ; quoique coûteuse, cette opération est la meilleure garantie du résultat pour toute espèce de culture : elle est donc toujours utile.

L'ensemencement et les soins à donner à la garancière pendant les deux premières années sont faciles et n'exigent ni beaucoup de temps, ni de fortes dépenses.

L'arrachage seul est, de tous ces travaux, le plus long et le plus pénible. L'organisation physique de nos ouvriers sera le véritable obstacle à la continuation de cette culture dans nos contrées.

Nos travailleurs ne sont pas habitués à des travaux aussi rudes. Pour arracher la garance à 60 ou 70 centimètres de profondeur, il faut avoir, non seulement de la vigueur, mais être bien attentif à ne point diviser la racine, parce qu'il s'en perdrait une plus grande quantité. L'ouvrier, dans sa tranchée, doit travailler des pieds et des mains pour chercher chaque parcelle de garance, au milieu même quelquefois d'une terre compacte ; il faut qu'il fasse attention à ce que le champ de garance soit parfaitement nivelé. L'on conçoit que s'il n'a ni activité, ni intelligence, ce travail est mal fait et que le propriétaire voit avec douleur une partie de sa récolte laissée dans la terre. C'est malheureusement ce qui m'est arrivé, et j'en ai eu une preuve incontestable.

L'hiver dernier, l'inondation m'enleva environ 30 à 40 centimètres de terre sur la superficie de la garancière que je venais de récolter ; je vis alors combien, malgré ma surveillance, j'avais été trompé par mes ouvriers;

Le terrain découvert laissait voir une quantité considérable de racines longues et belles : j'évaluai à un quart de la récolte la garance non arrachée.

La récolte de la garance ayant lieu au moment des moissons, nos moins mauvais ouvriers, qui déjà avaient travaillé chez moi, ont toujours préféré un labeur moins pénible; et, à chaque récolte, à chaque semaine peut-être, j'ai dû en former de nouveaux. Cette année a été plus pénible que les précédentes: ne trouvant point d'hommes déjà exercés, j'ai dû employer ceux qui ne trouvaient point de travail ou des vétérans la plupart vieux et infirmes, incapables de supporter un travail aussi actif. Ajoutez à cette pénurie d'ouvriers l'obligation de les surveiller toute la journée, de ne point les perdre de vue pendant quarante ou cinquante jours que dure la récolte, et vous comprendrez, Messieurs, que l'augmentation de revenu de quelques parcelles de terre ne compense pas la peine de cette culture ; il faut, pour la suivre, pouvoir s'y livrer entièrement : je n'en ai ni le temps, ni le courage.

Ainsi, Messieurs, j'abandonne la culture de la garance, mais je garde la conviction qu'elle serait profitable à notre pays ; je vous le prouve par le compte détaillé que je vous ai soumis en 1841 et celui de mes deux derniers essais.

Je dois vous dire aussi que ma garance a toujours été vendue au plus haut prix des alizaris, et que tous les ans elle m'était demandée à l'avance par les négocians de Carpentras et d'Antraygues.

(*Suivent les États.*)

QUATRIÈME ESSAI

DÉPENSES.	fr.	c.
Achat de cinq quintaux de graine à 33 fr. le quintal	165	»
Défrichement de 900 ares.	106	75
Défoncement de la garancière. . . .	366	»
Fumiers.	130	»
Étendage du fumier.	8	»
Louchetage de la terre avant la semence.	57	50
Ensemencement.	15	25
Arrachage des pommes de terre et haricots.	15	»
Façon de chanvre et arrachage. . . .	3	»
Chaussage d'été.	10	»
Chaussage d'hiver.	14	50
DEUXIÈME ANNÉE.		
Sarclage.	5	»
Récolte de la garance ou arrachage. .	320	»
PRODUITS ANTÉRIEURS PENDANT TROIS ANS.		
900 ares devant produire 90 quintaux de foin à 2 fr. 75 c. (4 ans).	990	»
Regains ou troisièmes herbes. . . .	100	»
Intérêt des premiers frais d'exploitation.	75	»
	2381	00

SUR 900 ARES.

RECETTES.	fr.	c.
Restes de graines de garance non semées.	49	50
PREMIÈRE ANNÉE.		
Pommes de terre 130 quintaux. . . .	260	»
Chenevis ou chanvre vendu.	22	50
DEUXIÈME ANNÉE.		
15 cartes haricots.	105	»
Pommes de terre, année d'assolement.	410	»
Fourrage de garance 90 quintaux. . .	112	50
Vendu 45 quintaux de garance à 36 fr., port de Mende à Avignon déduit. .	1635	12
	2594	62
RECETTES.	2594	62
DÉPENSES.	2381	»
Bénéfices sur les produits antérieurs. .	213	62

Dernier essai

Sur un terrain qui, après avoir subi une culture de garance, s'est reposé un an.

Dépenses.			fr.	c.
Louchetage.			40	»
Fumier, 15 tombereaux.			45	»
Graine.			38	»
Semis.			15	»
2ᵉ buttage 1ʳᵉ année.			16	»
1ᵉʳ buttage 2ᵉ année.			9	50
Sarclage.			6	»
Louchetage d'un are de garancière en place.			11	»
Plantation du plan.			6	50
Chaussage 1ʳᵉ année.			5	75
Sarclage.			3	»
Arrachage de la garance.			201	27
Semis de haricots 15 litres . .	3	75		
Journées.	1	50	13	»
Arrachage et triage.	3	»		
Fauchage du fourrage de garance.	5	»		
Transport de 1308 kil. de garance à Antraygues.			78	»
Produits antérieurs.				
50 quintaux de foin à 2 fr. 75 c. pendant 3 ans.	412	50		
Regains.	30	»	461	50
Intérêt de 3 ans des premiers frais.	19	»		
			949	77

Sur 50 ares.

Recettes.	fr.	c.
Haricots blancs.	45	50
Fourage de garance.	45	»
deuxième année.		
Fourage de garance.	62	»
Vente de 1280 quintaux de garance à 51 fr., plus les saches 21 fr. . . .	1253	»
Recettes.	1405	50
Dépenses.	949	77
Bénéfice sur les produits antérieurs. .	455	73

Nota. L'augmentation de produit résultant du premier essai sur cette garancière était, en 1836, de 207 fr. 25 c., y compris l'année d'assolement; le bénéfice obtenu sur le même terrain, après la deuxième culture en garance seulement, étant de 455 fr. 73 c., fait plus que doubler le rapport des 50 ares, quand ils étaient en prairie.

REBOISEMENT DES MONTAGNES.

RAPPORT VERBAL,

FAIT DANS LA SÉANCE DU 26 JANVIER 1843,

PAR M. J. J. MIGNON, SECRÉTAIRE PERPÉTUEL.

MESSIEURS,

Le reboisement des montagnes, dont s'est occupé le Conseil général dans sa dernière session, a été constamment l'objet de vos vœux ; vos Mémoires en font foi ; vous avez signalé les moyens de réparer les ravages causés par des coupes inconsidérées et les défrichemens des terrains en pente, vous avez distribué des graines, accordé des primes et invité les propriétaires aisés à donner l'exemple des semis.

Je suis heureux d'avoir à vous citer, parmi ces derniers, M. le lieutenant-général baron Brun de Villeret, pair de France, président du conseil général, que vous avez l'avantage de compter au nombre de vos membres.

Voici comment s'exprime votre honorable collègue sur le résultat de ses semis, dans sa lettre du 29 novembre 1842, à votre Président :

« J'ai fait l'épreuve du pin laricio, dans des terres » argileuses qui ne valent pas cent francs l'hectare, et » elle m'a si bien réussi que, semées en juin 1841, ces » graines m'ont donné des plants qui ont aujourd'hui

» un pied de racine pivotante et six pouces de bou-
» quet..... Mon semis comprend un demi-hectare qui
» ne produisait rien et qui peut devenir un superbe
» bois. »

On ne saurait donner trop de publicité à de pareils faits ; ils peuvent exciter l'émulation, et certes notre département a grand besoin de nombreux imitateurs, pour prévenir les funestes effets du déboisement.

La sollicitude des administrateurs supérieurs du département a été constamment dirigée vers les moyens d'y apporter remède ; elle a été signalée avec éloge dans un ouvrage de M. Rougier-La Bergerie, membre de l'Institut, publié en l'an IX, ayant pour titre : *Mémoire et observations sur les abus des défrichements*, etc.

Voici ce document, extrait de la page 34 et suivantes, qui m'a paru devoir être consigné dans vos Annales :

LOZÈRE.

« Au mois de floréal an IV, je reçus une délibération des administrateurs, imprimée, dans laquelle, pour arrêter les défrichements et les dévastations des bois, ils exposaient « que les habitans, semblables aux sauvages,
» défrichaient des terroirs d'une valeur inappréciable
» pour la nourriture des bestiaux, sans lesquels on
» verrait disparaître insensiblement les richesses terri-
» toriales. »

» Que, par une frénésie plus coupable et plus funeste, dans ses effets, ils détruisaient, sur les pentes les plus raides, les arbres qui pouvaient les conserver et les embellir, et que, pour la jouissance d'un moment, ils perdaient à jamais leur pays. »

» Se plaignant du partage des communaux, fait d'une manière arbitraire, ils disaient : « L'homme n'est que

» l'usufruitier des biens quil a reçus de ses pères ; il en » doit rigoureusement compte à ses descendans. »

» Le dépérissement des châtaigniers augmente graduellement a mesure qu'on se rapproche des montagnes de la *Lozère* et de *Laigoual*, qui dominent les Cévennes. Jadis elles étaient couronnées d'épaisses forêts qui servaient d'abris aux châtaigniers des Cévennes contre les vents du nord.

» Les monts d'Auvergne, plus élevés que ceux de la Lozère, et qui formaient un second rempart à la zône des châtaigniers, ont aussi été dépouillés et donnent aujourd'hui un libre passage à une bise glaciale qui détruit l'espérance du cultivateur.

» Les habitans des causses (plaines hautes) manquent de bois ; on ne voit plus un buisson sur les plateaux, autrefois impénétrables, et qui sont aujourd'hui découverts de toutes parts ; il y a moins d'eaux de sources, et dans un pays haut, près de la mer, on y manque souvent d'eau pour les hommes et les animaux.

» L'olivier a péri dans plusieurs endroits où il était cultivé, et déjà le châtaignier se ressent de cette différence. Au revers du midi des montagnes, deux forêts nationales se trouvent presque épuisées par les fonderies ; dans l'une, au commencement de la révolution, les habitans y ont fait de grands défrichements ; les charbonniers détruisent l'autre par les abus de leur métier : les troupeaux déambulans du Languedoc achèvent de détruire les jeunes plants qui repoussent.

» Enfin, disent-ils, les murs de soutenement (*) ne

(*) Le citoyen Chaptal, mon collègue, a fait de ces murs la description la plus intéressante, qui a été lue aux séances publiques de la Société d'agriculture de Paris et de l'Institut national.

(*Nota*. Ce Mémoire, sur la manière dont on fertilise les montagnes dans les Cévennes, a été inséré dans les Annales de la Société, vol. VII. 1833-1834, page 150.)

pouvant plus suffire à l'affluence des eaux supérieures, sont entraînés dans les ravins par les torrens.

» Disons, à la louange des administrateurs de ce département et du commissaire du Directoire, qui a partagé la sollicitude de l'administration, qu'ils ont pris quatre arrêtés contre la dévastation de leurs bois sur les montagnes, sans avoir été secondés. »

Cet éloge est également dû aux diverses administrations qui se sont succédées depuis cette époque, et ont montré la même sollicitude pour cette partie importante de l'agriculture.

PONT
LOUIS-PHILIPPE.

RELATION
DE LA CÉRÉMONIE
DE LA POSE DE LA PREMIÈRE PIERRE DU PONT-VIADUC, SUR LA RIVIERE D'ALTIER (Lozère) (*).

Le 1er juin a été, pour les habitans de Villefort et des communes environnantes, un jour de fête. M. Pagès, Préfet du département de la Lozère, l'avait indiqué pour la cérémonie de la pose de la première pierre du pont-viaduc sur l'Altier, qui est destiné à servir de passage aux routes royales Nos 101 et 106, et à ouvrir d'importantes communications pour la prospérité de nos localités élevées et montagneuses qui ne peuvent être vivifiées par des chemins de fer ni des canaux.

MM. les ingénieurs des ponts et chaussées avaient fait toutes les dispositions préliminaires pour cette solennité.

A une heure de l'après-midi, M. le Préfet, accompagné de MM. Thiéry, maréchal-de-camp, commandant

(*) La Société, dans sa séance du 15 juin 1843, après avoir reçu communication de cette relation, faite par son Secrétaire perpétuel, a été d'avis qu'elle fut insérée dans ses Annales, comme document historique sur un ouvrage d'art qui intéresse, à un haut degré, la prospérité du département.

du département, Boutin, doyen des conseillers de préfecture, Le Guay, ingénieur en chef du département, Maurin, maire de Villefort, de MM. les maires du canton et d'un grand nombre de fonctionnaires et de notabilités de la ville, des départemens et communes limitrophes, et de la brigade de gendarmerie, s'est rendu sur l'emplacement du viaduc, suivi d'un concours considérable d'habitans de Villefort.

M. le Curé de cette ville, assisté de plusieurs curés des paroisses environnantes, revêtus de leurs ornemens sacerdotaux, a, immédiatement après l'arrivée de M. le Préfet, fait les prières d'usage pour la bénédiction de la pierre monumentale.

M. le Préfet a prononcé ensuite le discours suivant :

« Messieurs,

» La cérémonie qui nous réunit dans cette vallée, autrefois déserte, n'est point seulement le résultat d'un long usage, elle est aussi consacrée par l'histoire et dictée par la reconnaissance des peuples envers leur souverain.

» Un grand nombre de nations ont successivement signalé leur puissance sur notre globe, et il ne reste aujourd'hui de leur grandeur passée que les antiques ruines de leurs monumens.

» Combien de peuples inconnus n'ont-ils pas encore disparu avant elles, sans laisser aucune trace de leur passage sur la terre ; tout s'est effacé de la mémoire des hommes, tout, jusqu'au souvenir de leur nom. La tradition, cette bouche aux cent voix, est même devenue muette pour ces siècles reculés ; elle n'a trouvé ses organes révélateurs que lorsqu'un commencement de civilisation et les hauts faits des empires ont entraîné les hommes vers l'étude des arts ; l'architecture s'est alors élevée au milieu d'eux comme un colosse imposant dont les pieds devaient un jour cacher des trésors historiques, tandis que ses flancs servaient déjà de gigantesques tablettes aux générations présentes comme à leur postérité. C'est dans ces temps, c'est dans cette pensée que furent construits les obélisques et les pyramides d'Egypte. Cette nation dominatrice n'est plus ; mais, après avoir disparu à son tour, elle a du moins laissé exposées à l'admiration de toutes les époques, des traces peut-être impérissables de son ancienne puissance.

» Mais sait-on sous quel règne et dans quelle année ont été construits ces immenses mausolées, si dignes d'abriter l'ombre d'une grande nation ? Les ruines d'Athènes, de Rome, d'Arles et de Nismes nous instruiront-elles d'avantage ?.... Malgré les lumières des peuples de la Grèce et de l'Italie, malgré les avantages qui résultaient de la découverte et de l'usage déjà si répandu de l'alphabet, l'origine et souvent la destination de leurs monumens sont demeurées incertaines.

» De nos jours, les progrès des sciences marchant avec le temps, on a senti qu'on pouvait arrêter, du moins pour quelques siècles encore, cette main impitoyable qui renverse tout. C'est alors qu'on a commencé à placer dans les fondemens des grands ouvrages d'art la série des pièces de monnaie, frappées à l'effigie du prince régnant, pendant l'année de l'exécution des travaux.

» Cette sage coutume peut conserver, malgré les bouleversemens terrestres auxquels nous sommes exposés, et le souvenir du peuple et les bienfaits du souverain.

» Aujourd'hui, en venant poser, au nom du Roi, la première pierre de ce pont-viaduc, nous avons compris qu'on devait faire plus encore : la découverte de quelques médailles, qui tirerait de l'oubli une nation et son chef, ferait sans doute époque. Mais si, auprès de ces noms inconnus, on trouvait l'histoire, les lois, la constitution, l'organisation administrative et les préceptes de la religion d'un peuple dont la civilisation atteignait les dernières limites, on conçoit quelle immense portée aurait ce grand événement.

» Voilà pourquoi nous célons aussi sous la même pierre, avec l'image vénérable de notre Roi, l'Histoire de France, nos différens Codes, la Charte de 1830, l'Annuaire du département de la Lozère et le Cathéchisme du diocèse de Mende.

» Que ce pont, dont nous jetons dans ce moment les premières bases, serve donc de témoignage aux siècles futurs de la puissance du peuple français et des vastes conceptions du souverain qu'il s'est donné. Mais, en nous préoccupant de ces temps à venir, ne soyons pas oublieux pour le présent ; ne léguons pas seulement à nos descendans des souvenirs de notre gratitude envers le Roi de notre choix : dès aujourd'hui faisons éclater notre reconnaissance en donnant à cet ouvrage monumental le nom de Louis-Philippe.

» Si les entreprises de cette nature, destinées à procurer de nouveaux débouchés à l'industrie, au commerce et à l'agriculture, doivent immortaliser une nation et son Roi, il en est peu qui en soient aussi dignes que Louis-Philippe Ier et le peuple français, car, depuis treize ans, la France a plus fait à elle seule que toutes les nations de l'Europe.

» Honneur donc au Roi !
» Honneur à la France !
» *VIVE LE ROI !* »

Ce discours a fait la plus vive impression sur tous les

assistans, qui ont unanimement répété avec enthousiasme le cri de *Vive le Roi!*

La pièce authentique de cette cérémonie ayant été signée par le premier magistrat du département et par tous les fonctionnaires et notabilités présens, a été déposée dans une boîte de plomb, placée dans un trou pratiqué à cet effet dans la pierre monumentale, et aussitôt recouverte par une autre pierre ; M. Le Guay, ingénieur en chef, a présenté, suivant l'usage, la truelle et le marteau à M. le Préfet, qui a scellé la pierre et frappé trois coups, ainsi que MM. le général, le doyen des conseillers de préfecture, l'ingénieur en chef, le maire de Villefort et M. Gentil, élève ingénieur, chargé du service et de la direction des travaux dans l'arrondissement de Mende. Après cette opération, le clergé a entonné l'*Exaudiat*, qui a été chanté en chœur par tous les assistans pour attirer sur notre Monarque, le père des beaux-arts, les bénédictions du Roi des Rois et une longue existence.

Le cortége s'étant remis en marche, s'est arrêté dans une prairie près du tunnel de Bayard, où l'on avait dressé, sous des châtaigniers, une table de plus de 80 couverts. Cette partie de la fête a été extrêmement gaie et favorisée par le plus beau temps. Parmi les toats portés pendant ce banquet, nous citerons ceux au Roi, par M. Pagès, préfet ; à la Reine, par M. le général Thiéry ; au comte de Paris, par M. Le Guay, ingénieur en chef ; au duc de Nemours, par M. Maurin, maire de Villefort ; au duc d'Aumale, par M. Bazille, capitaine de recrutement ; au génie, au progrès des sciences et des arts, par M. Ignon, père, secrétaire perpétuel de la Société académique de Mende ; au clergé, par M. Boutin, doyen des conseillers de préfecture ; à M. le Préfet, aux fonctionnaires administratifs et à l'armée, par M. Souchon, curé de Villefort.

Des salves de coups de mines ont été tirées lorsque le cortége de M. le Préfet est arrivé ; quand ce magistrat a eu terminé son discours, au cri de *Vive le Roi !* lorsque le clergé a chanté le *Domine salvum fac Regem nostrum Ludovicum Philippum*, et pendant les toasts du banquet.

Le pont-viaduc *Louis-Philippe* a les dimensions suivantes :

Longueur totale du pont, 90 m. 00

Largeur entre les parapets, 7 m. 00

Largeur avec les parapets, 8 m. 00

Hauteur de la chaussée du pont au dessus de l'étiage, 30 m. 05

Hauteur totale avec les parapets et au fond de l'eau, dans la plus grande profondeur, 32 m. 00

Cette hauteur est rachetée par deux rangs d'arches superposées.

Le rang inférieur se compose de 3 arches de 15 m. 00 d'ouverture, en plein cintre.

Le rang supérieur est de 9 arches de 4 m. d'ouverture, également en plein cintre.

La pièce authentique de cette cérémonie, écrite sur parchemin, déposée dans la boîte de plomb avec une série de monnaies du Roi régnant (une pièce en or de 40 fr., une *id.* de 20 fr., et en argent une de 5, 2, 1 fr., 50 et 25 centimes), et les autres objets mentionnés dans le discours de M. le Préfet, est de la teneur suivante :

Le premier juin mil huit cent quarante-trois.

SA MAJESTÉ LOUIS-PHILIPPE Ier,
Roi des Français régnant,

M. TESTE étant Ministre des travaux publics.

La première pierre du pont-viaduc sur l'Altier a été posée, au nom du Roi, par nous B. Pagès, préfet du département de la Lozère, chevalier de l'ordre royal de la Légion-d'Honneur, en présence de M. Thiéry, maréchal-de-camp, commandant le département de la Lozère; de M. Boutin, doyen des conseillers de préfecture; de M. Le Guay, ingénieur en chef du département; de M. Maurin, maire de Villefort, et des personnes soussignées.

Le Préfet de la Lozère,

PAGÈS.

Thiéry, maréchal-de-camp;
Boutin, doyen des conseillers de préfecture;
Le Guay, ingénieur en chef;
Maurin, maire de Villefort;
Souchon, curé de Villefort;
C. de Belviala, membre du conseil d'arrondissement.
Mazimbert, juge de paix, *idem*.
De Bauvais, adjoint à l'intendance;
Bazille, capitaine de recrutement;
Volet, chirurgien-major au 2.e régiment de hussards;
Ignon, père, secrétaire perpétuel de la Société académique de Mende;
Gentil, élève ingénieur;
Ignon, fils (Auguste), membre de la Société académique;
Anglès, secrétaire du Préfet;
Chas, avoué à Mende;
Castanier, curé de St-André-Capcèze;
Balme, curé de l'Habitarelle;
Bonnefoi. *id*. d'Altier;
Oziol, *id*. de Vialas;
Bazalgette, vicaire à Villefort;
Bourcier, *id*. *id*.;
Charbonnel, *id*. à Altier;

Lapierre, maire à St-André ;
Poudevigne, *id.* à Planchamp ;
Teissier. *id.* à Prévenchères ;
Fournier, *id.* à St-Jean Chazorne ;
Malachanne, *id.* à Pourcharesses ;
Martin, *id.* à Combret ;
Chalbos, *id* à Puylaurens ;
Benoît, adjoint au maire de Villefort ;
Chambon, conseiller municipal ;
Couderc, *id.*;
Maisonneuve, inspecteur des enfans trouvés ;
Monteils, percepteur à Villefort ;
Grimardias, receveur de l'enregistrement à Villefort ;
Blanc, receveur des contributions indirectes ;
Huglo, commis-adjoint ;
Benoît, docteur en médecine ;
Combes, *idem* ;
Bondurand, conducteur des ponts et chaussées ;
Hugoun, *idem* ;
Poussielgue, *idem* ;
Maisonneuve, *idem*;
Saint-Pierre, *idem* ;
Beysselance, *idem* ;
Laurens, agent-voyer en chef ;
Laurans. notaire à Villefort ;
Molines, *id.* aux Vans ;
Colomb, banquier, *idem* ;
Balmelle (Edmond), du Boulc (Ardèche) ;
Robert, conducteur des ponts et chaussées (Ardèche);
Portanier, piqueur ;
Verdier, *idem* ;
Saumade, *idem* ;
Bertrand, sergent de recrutement ;
Martineau, chef d'atelier ;

Gobert, entrepreneur route 101 (Ardèche) ;
Lognoz, entrepreneur de travaux à Bayard ;
Garavetti, *idem* ;
Peyrache, entrepreneur du pont ;
Escudié, dit *la Plaisance*, appareilleur ;
Denouche, poseur ;
Digand, tailleur de pierre poseur.

INDUSTRIE SÉRICICOLE.

CULTURE DU MURIER. — ÉDUCATION DES VERS-A-SOIE.

La culture du mûrier prend chaque année plus d'extension. La Société a commencé de faire une distribution des plants provenant de son jardin d'expériences. M. Lugné lui a adressé une note sur ses nouvelles plantations dans un jardin qu'il a affermé au Pré-Vival et sur celles qui ont été faites sous sa direction chez divers propriétaires du vallon de Mende, auxquels il avait donné les plants.

M. Lugné annonce que son éducation de vers-à-soie de cette année a produit moins de cocons que les années précédentes, ce qu'il attribue à la mauvaise saison qui a été préjudiciable presque partout à la feuille du mûrier, mais que le peu de soie qu'il en a retiré est bien belle.

La Société, sur l'invitation de M. le Préfet de la Lozère, a transmis à ce magistrat les renseignemens qu'elle avait recueillis sur l'industrie de la soie dans l'arrondissement, lesquels, réunis à ceux des autres arrondissemens, se trouvent résumés dans la note suivante, insérée dans le 7e volume, page 117, des Annales de la Société séricicole. fondée à Paris en 1837, pour la propagation et l'amélioration de l'industrie de la soie en France.

DÉPARTEMENT DE LA LOZÈRE.

Sur la marche de l'industrie séricicole du département de la Lozère, pendant l'année 1843.

Les gelées tardives du printemps ont considérablement nui au développement de la feuille du mûrier, surtout dans les parties hautes du département où l'on cultive cet arbre. Il en est résulté que beaucoup d'éleveurs de vers-à-soie ont mis une faible quantité d'œufs à l'éclosion, craignant de manquer de feuilles, et que d'autres ont été forcés de laisser mourir une moitié de leurs vers pour sauver l'autre en lui ménageant la nourriture nécessaire.

La gelée n'a pas seulement influé sur la quantité des feuilles, ses effets se sont aussi fait sentir sur la qualité, qui est devenue mauvaise et a occasionné des maladies aux vers. Cette nourriture malsaine a développé la muscardine dans plusieurs chambrées, qui ont été décimées ou entièrement détruites, malgré toutes les mesures prises pour arrêter les ravages de cette affection contagieuse.

Les cocons obtenus n'ont pas été aussi bons qu'à l'ordinaire ; les vers avaient trop souffert pour les bien construire.

La majeure partie des éleveurs vendant leurs produits sans les filer, ils ont livré, cette année, leurs cocons à 4 fr. et jusqu'à 4 fr. 50 c. le kilog.

L'expédition en a été faite sur Alais ou sur d'autres villes du Gard qui les recherchent, à cause de la finesse de la soie, qui paraît être supérieure dans les cocons provenant du département de la Lozère.

Les éleveurs qui ont filé leur soie ont vendu la trame 48 fr. et l'organsin de 58 à 60 fr.

Aucun nouvel établissement séricicole ne s'est formé dans la Lozère. M. Lugné, à Mende, continue de faire des efforts pour répandre cette industrie dans l'arrondissement chef-lieu, où elle n'existe encore que dans un bien petit nombre de communes. Le conseil général lui a accordé, dans sa dernière session, une somme de 150 fr. à titre d'encouragement. Il avait précédemment obtenu une médaille d'argent de la Société d'agriculture du département.

ÉCOLE PRATIQUE

D'AGRICULTURE,

À LA FERME-MODÈLE DE MALAVIELLE (Lozère).

M. le Préfet de la Lozère ayant communiqué, verbalement, à la Société, dans sa séance du 6 septembre 1842, réunie sous sa présidence, diverses améliorations agricoles qu'il se proposait de soumettre au Conseil général et sur lesquelles il désirait avoir son avis. La Société, par l'organe de son président ordinaire, exprima à ce magistrat sa gratitude pour cette nouvelle preuve de confiance dans le zèle de la Compagnie, en lui témoignant combien elle se félicitait d'être appelée à concourir au bien qu'il méditait dans l'intérêt du pays. Une discussion, à laquelle tous les membres présens prirent part, s'engagea immédiatement, et la suite fut ajournée à une autre séance.

Une nouvelle réunion eût lieu le 8 du même mois, et il fut décidé qu'il serait écrit à M. le Préfet que la Société partageait entièrement son opinion sur l'utilité d'une ferme-modèle à laquelle serait attachée une école théorique et pratique d'industrie agricole, qui offrirait l'avantage de former des élèves qui pourraient répandre sur tous les points du département les méthodes perfectionnées à la connaissance et à la pratique desquelles ils auraient été initiés, et qu'il serait utile que la durée du bail du local à affermer fut assez longue pour qu'on eût le temps d'instruire un nombre d'élèves qui put suffire aux besoins du département.

M. le Préfet ayant présenté au Conseil général, dans sa session de 1842, le projet de ces deux établissemens, le Conseil prit la décision suivante : « 1° Il sera établi une ferme-modèle et une école d'agriculture pratique dans le département ; 2° ces deux établissemens seront réunis comme auxiliaires l'un de l'autre, et placés dans la terre de Malavielle. »

Cette décision, soumise à M. le Ministre de l'agriculture et du commerce, a été approuvée par les arrêtés suivans, relatifs à l'organisation de l'école d'agriculture pratique de Malavielle.

MINISTÈRE DE L'AGRICULTURE ET DU COMMERCE.

ARRÊTÉ.

Le Ministre secrétaire d'Etat au département de l'agriculture et du commerce :

Vu la décision prise par le Conseil général du département de la Lozère, session de 1842, ainsi conçue : « 1° Il sera établi une ferme-modèle et une école d'agriculture pratique dans le département ; 2° ces deux établissemens seront réunis, comme auxiliaires, l'un à l'autre, et placés dans la terre de Malavielle. »

Vu les lettres et explications de M. le Préfet de la Lozère ;

Vu les divers documens qui ont été adressés par l'autorité locale et qui resteront annexés au présent arrêté ;

Vu le contrat intervenu entre M. l'abbé Gaillardon, propriétaire du domaine de Malavielle, et M. le Préfet du département ;

Vu le rapport de M. de Mornay, inspecteur de l'agriculture, sur la création d'une école d'agriculture sur la terre de Malavielle (Lozère), rapport qui conclut à l'adoption,

ARRÊTE ce qui suit :

Art. 1er. La création d'une école d'agriculture pratique sur le domaine de Malavielle, commune de Chanac et des Salelles, canton de Chanac, arrondissement de Marvejols, département de la Lozère, est autorisée.

Art. 2. L'école d'agriculture pratique de Malavielle est destinée à former d'habiles fermiers, d'intelligens métayers, de bons valets de ferme, en un mot des agens éclairés, propres à hâter les progrès de l'agriculture locale.

Art. 3. L'enseignement pratique et théorique sera donné conformément au programme ci joint, visé et approuvé par le Ministre. Nul changement ne pourra y être fait sans une nouvelle approbation.

Art. 4. On recevra chaque année huit nouveaux élèves, et le temps complet d'études et de séjour à l'école sera de trois ans.

Art. 5. Les élèves devront prendre une part sérieuse et réelle à tous les travaux de l'exploitation.

Art. 6. Le personnel enseignant de l'école d'agriculture de Malavielle se compose de :

Un directeur, professeur d'agriculture, d'économie rurale, de médecine vétérinaire, de comptabilité, et il dirigera l'exploitation ;

Un surveillant-maître chargé de l'enseignement primaire et de surveiller les élèves pendant leurs travaux, leurs repas, leurs récréations, etc. Cet agent sera entièrement sous les ordres du directeur.

Art. 7. Un médecin donnera aux élèves les soins que

l'état de leur santé réclamera. Des aumôniers catholiques et protestans seront chargés du culte et de l'instruction religieuse.

Art. 8. Une commission de surveillance sera établie près de l'école d'agriculture de Malavielle. Elle se composera de douze membres choisis dans les différens arrondissemens de la Lozère.

Art. 9. Les traitemens du directeur et du surveillant et l'indemnité pour le médecin seront payés chaque année, par trimestre, sur le crédit des encouragemens à l'agriculture, d'après un état annuel dressé et signé par le directeur, présenté dans la dernière quinzaine de décembre, contrôlé par l'inspecteur de l'agriculture et approuvé par le Ministre.

Les traitemens ou indemnités seront acquittés au moyen d'un mandat délivré par le Préfet, sur le vu des états trimestriels qui lui seront transmis par le Ministre. Ces états devront être émargés par toutes les parties prenantes ; ils seront adressés au Ministre en double expédition par le directeur de l'école dans les dix premiers jours du dernier mois du trimestre.

Art. 10. Une somme de 200 francs, par chaque élève présent à l'école, sera mise annuellement à la disposition du directeur, qui prélèvera sur cette somme 150 fr. destinés à l'indemniser des frais de nourriture etc., laissés à sa charge ; les 50 francs restans entreront dans la composition d'une masse qui sera employée à récompenser le zèle et la bonne conduite des élèves. Le directeur répartira et distribuera cette masse sous sa responsabilité personnelle. Il devra compte au Préfet, à l'Inspecteur de l'agriculture et au Ministre des motifs qui l'auront fait agir dans cette distribution. La somme de 200 fr. sera payée à la fin de l'année scolaire, d'après un état dressé et signé par le directeur, présenté par le Préfet, contrôlé par l'inspecteur et approuvé par le Ministre.

Art. 11. La nomination et révocation du directeur appartiendront au Ministre, sur la proposition du Préfet Le surveillant-maître sera nommé et révoqué, sur la proposition du directeur, par le Préfet, qui réglera seul ce qui concerne le service religieux et médical.

Art. 12. Les commissaires seront nommés par le Ministre, sur la présentation du Préfet ; les commissaires sortans pourront être renommés.

Art. 13. Le directeur a la haute direction de l'école, l'admission des élèves, leur punition lorsqu'il y aura lieu, leur renvoi en cas de faute grave ou d'incapacité notoire, la délivrance, de concert avec la commission, des diplômes, la présentation du surveillant-maître, la gestion du domaine et le choix de tous les agens de la culture. Il rédigera l'état annuel des traitemens et les états trimestriels de paiement ; ces pièces seront remises au Préfet, qui les enverra au Ministre avec ses observations.

Art. 14. Les règlemens de discipline intérieure seront formulés par le directeur, de concert avec la commission, et présentés à l'approbation du Ministre par le Préfet, qui donnera son avis. Rien ne pourra être changé à ces règlemens sans que les modifications projetées aient été débattues avec la commission, soumises au Préfet, et revêtues de l'approbation du Ministre.

Art. 15. Le directeur de l'école ne refusera, aux inspecteurs de l'agriculture chargés de visiter son établissement, rien de ce qui pourra les éclairer, tant sur l'exploitation que sur l'école ; il leur donnera, soit par correspondance, soit de vive voix, tous les renseignemens mens que ceux-ci lui demanderont. L'inspecteur pourra interroger les élèves, compulser les livres, examiner les travaux de toute nature, se livrer enfin à toute investigation qu'il croira nécessaire et convenable.

Art. 16. Outre les obligations imposées au directeur par le plan d'organisation ou programme de l'école, par le contrat intervenu entre le Préfet et l'abbé Gaillardon, il sera soumis encore à cette règle, qu'il devra obtenir chaque année, mais seulement après le laps de temps jugé nécessaire pour qu'il soit en roulement normal, un produit net au moins égal à celui fourni par les autres cultures de la même région, en tenant compte des circonstances différentes. Si, au-delà de l'époque fixée plus haut, l'exploitation restait dans un état d'infériorité qui ne pourrait être expliquée par quelques faits extraordinaires, elle ne devrait plus être considérée comme modèle, et le concours du ministère cesserait aussitôt.

Art. 17. Pour que l'administration de l'agriculture puisse contrôler réellement les exploitations de Malavielle, pour qu'elle ait la certitude de n'admettre que des chiffres vrais, les obligations suivantes sont imposées au directeur :

1° Qu'il tiendra sa comptabilité en parties doubles et toujours à jour : il aura nécessairement un livre-journal résumant les opérations de tout genre, et un livre des inventaires. Ces deux registres seront cottés, paraphés et visés par le juge de paix du canton ;

2° Le directeur soumettra sans déplacement les livres ci-dessus et tous ceux qu'il jugera convenable d'employer aux investigations des agens de l'administration et des membres de la commission de surveillance, aussi souvent qu'il en sera requis ;

3° Dans les dix premiers jours de chaque mois, il enverra directement au Ministre un bulletin conforme au modèle A ci-annexé ; ce bulletin présentera, pour le mois précédent, un relevé des travaux portés au livre d'assolement, un relevé par compte des heures de travail fournies par les élèves, domestiques, journaliers et bêtes de trait, le relevé de la consommation de chacune des espèces d'animaux entretenues sur l'exploitation, le nombre de journées de présence de ceux-ci et leur produit en fumier, le mouvement de la caisse de magasin, la situation de l'école, enfin des observations sur tout ce qui sera nécessaire de faire connaître à l'administration.

4° Dans les deux mois qui suivront la fin de chaque année, laquelle se terminera pour l'exploitation le. . . . . le directeur enverra au Ministre un état de situation par débit et crédit de chacun des comptes portés au grand-livre. Cet état, conforme au modèle B, sera vérifié par la commission et recevra les observations de celle-ci, ainsi que celles du Préfet. L'inventaire de l'année écoulée devra y être joint ;

5° Le directeur publiera tous les ans un compte-rendu de l'exploitation et de l'école, de leurs succès et de leurs revers.

Art. 18. Le surveillant-maître complètera tout ce qui pourra manquer à l'instruction primaire des élèves, les surveillera dans leurs travaux de toute nature, pendant les récréations, lors des repas, au dortoir, etc. Il sera entièrement placé sous les ordres du directeur, qui l'emploira dans la mesure qui lui paraîtra utile, aussi bien pour ce qui intéressera l'exploitation que pour ce qui concerne l'école.

Art. 19. La commission de surveillance nommera son président et son secrétaire ; ceux-ci, toujours rééligibles, seront nommés pour deux ans. Lorsque le Préfet assistera à une des réunions, il la présidera. La commission ne pourra délibérer si la moitié au moins de ses membres n'est présente ; la commission pourra instituer dans son sein des sous-commissions auxquelles elle déléguera ses pouvoirs. Ces sous-commissions ne pourront prendre de décisions, elles feront seulement à la commission réunie des rapports sur les questions ou propositions dont elle leur aura confié l'examen.

Art. 20. La commission se réunira aussi souvent qu'il sera nécessaire, soit sur la convocation du Préfet, soit sur celle de son président ; mais, dans tous les cas, elle s'assemblera au moins une fois chaque année pour visiter l'école et l'exploitation : elle se fera représenter la comptabilité, interrogera les élèves, examinera les travaux de toute nature, se livrera enfin à une investigation complète. Elle s'enquerra particulièrement de l'exécution des conditions renfermées dans le traité intervenu entre le Préfet et M. l'abbé Gaillardon. Elle formulera ensuite un rapport détaillé sur l'état de l'établissement, rapport que le Préfet adressera au Ministre avec ses observations. Ce compte rendu pourra être publié par la voie de l'impression, et remplacer même celui imposé au directeur par l'art. 17, ou au moins y être joint. La commission n'ayant, dans ses attributions, qu'un droit de surveillance, ne pourra rien prescrire au directeur ; elle fera seulement connaître son opinion au Préfet, qui en rendra immédiatement compte au Ministre de l'agriculture et du commerce.

La commission coopérera, avec le directeur, à la rédaction des règlemens intérieurs de discipline et à la délivrance des diplômes, vérifiera le bilan, qui sera chaque année soumis au Préfet et envoyé au Ministre, ainsi que l'inventaire ; elle assistera et présidera aux examens.

Art. 21. Un examen général sera fait à la fin de chaque année scolaire; il aura pour objet :

Le classement des élèves par ordre de mérite, leur

maintien dans l'année d'études qu'ils viennent de suivre ou leur promotion à l'année supérieure, leur renvoi pour cause d'incapacité, enfin, la désignation de ceux qui, ayant terminé leurs études, auront droit au diplôme. Les examens seront faits en présence de la commission, qui pourra, si elle le juge convenable, interroger elle-même les élèves, mais qui, dans tous les cas, jugera et décidera. Les procès-verbaux d'examen seront dressés par le secrétaire de la commission, signés par le président et envoyés directement au Ministre de l'agriculture; un double de ce procès-verbal sera remis au Préfet.

Les dispositions contenues dans le présent arrêté sont exécutoires à partir du 1.er juillet 1843.

Une ampliation du présent arrêté sera immédiatement adressée au Préfet de la Lozère, qui devra en remettre de suite des copies certifiées au directeur de l'école, à chacun des membres de la commission et à M. l'abbé Gaillardon. Une copie en placard, certifiée, restera toujours affichée dans un des lieux ouverts au public à l'école de Malavielle.

Fait à Paris, le 5 juillet 1843.

Le Ministre Secrétaire d'Etat de l'agriculture et du commerce,

Signé : CUNIN-GRIDAINE.

Pour ampliation,

Le Conseiller d'Etat secrétaire général,

Signé : CAMILLE PAGANEL.

Vu par le Préfet de la Lozère

Signé : HÉNAUT.

Pour expédition,

Le Conseiller de préfecture faisant fonction de secrétaire général,

JAFFARD.

ARRÊTÉ.

Le Ministre secrétaire d'Etat au département de l'agriculture et du commerce :

Vu l'arrêté ministériel du 5 juillet 1843 ;

Vu les propositions de M. le Préfet de la Lozère,

Arrête ce qui suit :

Art. 1.er. Sont nommés membres de la commission de surveillance près l'école pratique d'agriculture de la Lozère :

MM. *Rivière de Larque*, membre de la Chambre des Députés ;
Borelli de Serres, maire de la ville de Mende ;
Baldit, membre du Conseil général ;
Guyot, membre du Conseil général ;
Ignon, secrétaire perpétuel de la Société d'agriculture, sciences et arts de Mende ;
De Ligonnés, propriétaire ;
D'Espinassoux, président du tribunal civil de Marvejols, membre du Conseil général, ancien député ;
Le baron de Framond, membre du Conseil général ;
Bonnet, propriétaire cultivateur ;
Mathieu, juge, membre du Conseil général ;
Maurin, *id.* *id.* ;
Compredon, juge de paix à Barre, membre du Conseil général.

Art. 2. Les membres nommés ci-dessus seront partagés par le sort en deux séries, dont la première sortira de fonction dans deux ans, à partir de ce jour.

Art. 3. Une ampliation du présent arrêté sera immédiatement adressée à M. le Préfet de la Lozère, qui en remettra une copie certifiée à MM. les commissaires nommés et à M. le directeur de l'école.

Fait à Paris, le 5 juillet 1843.

Le Ministre secrétaire d'Etat de l'agriculture et du commerce,

Signé : L. CUNIN-GRIDAINE.

Pour ampliation,

Le Conseiller d'Etat secrétaire général,

Signé : CAMILLE PAGANEL.

Pour ampliation,

Le Conseiller de préfecture, faisant fonction de Secrétaire général,

JAFFARD.

L'EXISTENCE

DE DIEU.

PAR M. L'ABBÉ BALDIT, MEMBRE RÉSIDANT.

L'impie a dit dans son orgueil :
Du hasard ce monde est l'ouvrage.
Le dogme le plus vrai serait-il un écueil
Où la raison humaine irait faire naufrage ?
Point de Dieu créateur de ce vaste univers !!!
Est-ce le cri de l'homme ou celui des enfers ?

Insensé, tu peux, sur la terre,
A ton impiété donner un libre cours ;
Dans les régions du tonnerre
L'Eternel entend tes discours,
Il voit avec pitié ton délire farouche,
Tandis que d'un regard, d'un souffle de sa bouche,
Il pourrait de tes jours éteindre le flambeau,
Et livrer sa victime aux horreurs du tombeau.

Courbe-toi sous le joug du plus puissant des maîtres ;
C'est lui qui du néant fit sortir tous les êtres,
Sema les champs de l'air de globes éclatans.
D'un seul de ses regards il embrasse le monde,
Il fait briller partout sa sagesse profonde ;
Les siècles devant lui ne sont que des instans.

Des cieux l'admirable structure,
Les merveilles de la nature
Portent le sceau de sa divinité.
Pour âge et pour durée, il a l'éternité.
Il marche sur les vents, déchaîne les tempêtes ;
Il fait gronder sa foudre au dessus de nos têtes.
Il tient comme un gravier l'univers dans sa main.
Tout nous peint sa grandeur et sa magnificence.
Le flambeau de nos cœurs, la foi du genre humain,
Sont les premiers témoins de sa toute-puissance.

O toi qui t'applaudis de ton profond savoir,
Au sein des voluptés dont ton âme est bercée,
De cet être infini d'où te vient la pensée?
Si Dieu n'existe pas, peut-on le concevoir.

Assis au premier rang sur l'échelle des êtres,
Toi-même as-tu formé la maison de ton corps ?
Est-ce la main de tes ancêtres
Qui de tes facultés mit en jeu les ressorts?
Non, non, tu dois le jour à la cause première.
Le Dieu qui du chaos fit jaillir la lumière,
T'appela du sein du néant.
Son souffle créateur opéra le prodige :
Tu sortis comme sort le rameau de la tige,
Et la terre reçut un nouvel habitant.

La nature, à tes yeux, serait-elle éternelle!
Par la seule pensée on peut l'anéantir.
Tout est variable dans elle,
Et le gouffre des temps doit un jour l'engloutir.

Lorsque l'infortune t'assiége,
Vil athée, esclave des sens,
D'où vient ta bouche sacrilége,
Suspend ses coupables accens?
Que dis-je, si le riche, au cœur impitoyable,
Va, dans sa faim brûlante, enlever à ta table
Le morceau de pain noir qui te sert d'aliment,
Plus prompte que l'éclair, ta voix perce la nue,
Invoque une grandeur qu'elle avait méconnue,
Et sur ce nouveau crime appelle un châtiment.

Que du bonheur la main propice
Sème ta carrière de fleurs,
Ou que la cruelle injustice
De tes yeux arrache des pleurs.
C'est un Dieu qu'implore ton âme,
C'est son appui qu'elle réclame,
Lorsque par le revers ton cœur est abattu,
C'est encore à lui qu'elle envoie
Ses hymnes d'amour et de joie.
Si Dieu n'existe pas, pourquoi l'invoques-tu?

Des écarts de l'esprit voici le plus funeste :
Quoi! le vice orgueilleux et la vertu modeste
Subiraient-ils même destin?
Seraient-ils exempts d'anathême
l'affreux parjure et l'horrible blasphême
De l'impie et et du libertin?

Des plaisirs funeste victime,
Être dégradé par le crime,
N'écoute plus le ver rongeur :

Va, dans ton audace effrénée,
Mettre fin à ta destinée,
Puisqu'il n'est point de Dieu vengeur.

Pourrais-tu refuser de croire
Ce qu'ont cru toujours les mortels?
Ouvre les fastes de l'histoire,
Vois les temples, vois les autels,
Parcours les régions glacées,
Les villes les mieux policées,
Tu trouveras partout un culte solennel.
Du désert l'habitant sauvage,
L'homme nourri dans l'esclavage
Adressent tous les jours un hymne à l'Eternel.

César trouva ce dogme établi dans la Gaule,
La Pérouse et Dias sous les glaces du pôle,
Alexandre-le-Grand dans les sables d'Ammon,
Le célèbre Gama dans l'Asie opulente,
L'infortuné Colomb sous la ligne brûlante,
Et l'illustre Marc-Paul aux îles du Japon.

Plonge tes regards dans l'espace,
Emprunte à la raison son phare observateur,
Tous les êtres divers que la nature embrasse
Proclament un Dieu créateur.

Quelle main suspendit à la céleste voûte
Ces globes enflammés qui roulent dans les airs,
Quel doigt puissant traça la route
De l'astre roi de l'univers.
Êtres obscurs, hommes superbes,

Lorsque ses feux roulent en gerbes
Et fécondent les champs de vos riches aïeux,
Votre bouche hideuse, où règne le parjure,
Vomit le blasphême et l'injure
Contre le Souverain de la terre et des cieux.

Quelle voix fit éclore, au sein de l'étendue,
Cette lampe de feu dans le ciel suspendue?
De qui reçoit-elle des lois?
Le hasard de la nuit a-t-il semé les voiles
De ces points lumineux, de ces groupes d'étoiles
Qui brillent comme l'or sur le manteau des Rois?

Tourne les yeux vers cette terre
Où l'Eternel jeta le premier des humains,
Tout, jusques au gravier détaché de la pierre,
Annonce l'œuvre de ses mains.
Vois le bassin du grand abîme,
C'est son bras puissant qui comprime
Les flots tumultueux de ses gouffres profonds,
Gouffres où la nature, en ressources fertile,
Va puiser l'eau qu'elle distille.
Et qui sert d'aliment à ses germes féconds.

Quoi! ces riches côteaux, l'orgueil de la nature,
Ces vallons émaillés de fleurs et de verdure,
Où tout enchante le regard;
Ces antiques forêts, dont les têtes chenues
Surgissent dans les airs et menacent les nues,
Seraient-ils l'œuvre du hasard?

Quoi! ce feu par qui tout respire,
Ces grands fleuves, ces clairs ruisseaux

Qui portent tous les jours le tribut de leurs eaux
Au sein du maritime empire,
Cet air purifié dans les trésors des vents,
Qui conserve et nourrit tous les êtres vivants;
N'attesteraient-ils point une cause infinie,
Tandis que ces enfants de l'art et du génie,
Ces magnifiques tours, ces clochers sourcilleux
Jetés sur tous les points du globe,
Dont la flèche élancée à l'œil nu se dérobe,
Proclament des mortels les travaux merveilleux.

D'une impure métaphysique,
Tu vomis en vain le poison;
J'ai regardé le Ciel, son sublime cantique
S'est fait entendre à ma raison.

Que ton sort, vil athée, est peu digne d'envie!
Le souffle du remords empoisonne ta vie.
Vois-tu cette mer en fureur,
Dont rien ne peut calmer les vagues mutinées:
Ainsi s'écoulent tes années,
Loin de la paix et du bonheur,

Semblable au plus vil des esclaves,
De mille passions tu traînes les entraves,
Avec elles le trait du cruel désespoir,
Un feu brûlant qui te consume,
Et qui te fait sentir la pointe et l'amertume
Des maux qui sur ta tête un jour doivent pleuvoir.
Quoique descendu dans l'abîme,
A ce point où du Ciel l'on brave la rigueur,
Une secrète voix te reproche ton crime,
Une invisible main peint aux yeux de ton cœur

La mort, l'affreuse mort, qui réclame sa proie,
Dieu que tu méconnais, armé de ses carreaux,
Les gouffres des enfers qui s'ouvrent avec joie,
Montrant à tes regards des feux et des bourreaux.
En proie à ces tristes images,
Tu portes en vain tes hommages
Au monde, à ses plaisirs, à ses traîtres appas ;
Tu cherches la paix qui t'évite,
Tu fuis le trouble qui t'agite,
Et le trouble partout accompagne tes pas.

Te faut-il d'autres témoignages ?
L'athéïsme, dans tous les âges,
Fut le tombeau de la vertu :
Le souffle qui sort de sa bouche,
Empoisonne tout ce qu'il touche.
Tel est par l'aquilon un beau germe abattu.

Veux-tu couler des jours prospères,
Rentre dans le giron de la foi de tes pères.
Tombe aux pieds de ton Dieu trop longtemps oublié,
Exhale à ses genoux ton âme repentante,
Et, sous sa main toute-puissante,
Dis-lui, le front humilié :
« Oui c'est par toi que tout commence,
» Roi des siècles, être infini,
» Sans toi tout n'est que vide immense ;
» Qu'à jamais ton nom soit béni. »

ODE

SUR LA MORT DE SON ALTESSE ROYALE MONSEIGNEUR LE DUC D'ORLÉANS.

PAR M. TH. TUFFIER, MEMBRE CORRESPONDANT.

Ostendent terris hunc tantum fata...
VIRGILE, *Enéide*, liv. VI.

Couvre-toi de crêpes funèbres,
Muse qui chantes nos douleurs;
Evoque du sein des ténèbres
L'hymne des sanglots et des pleurs;
Que ta voix, et triste et plaintive,
Redise à la France attentive
Ses chants de regret et de deuil:
Un astre tombe à son aurore;
Une sombre nuit vient d'éclore,
Il faut pleurer sur un cercueil!

« Il est mort le Prince de France! »
Ce cri lugubre a retenti;
Le peuple l'écoute en silence,
Et tous les cœurs en ont frémi.
On a vu, dans ce jour funeste,
En nous tout ce qu'encor il reste
Pour nos Rois d'amour grand et fort;

Ce cri, nul ne veut le comprendre ;
On demande, et l'on craint d'entendre,
Le triste récit de sa mort.

Près de partir, il vent encore
Aux siens adresser ses adieux :
Car, demain, la prochaine aurore
Doit le revoir loin de ces lieux.
Aussi prompt qu'un souffle d'Eole,
Déjà vers Neuilly son char vole ;
Mais de son quadrige indompté
L'ardeur va, court, se précipite :
Et le Prince, comme Hippolyte,
Tombe de son char emporté.

Un homme du peuple s'empresse,
Relève le Prince gisant ;
Et, sous un humble toit, on dresse
Une couche pour le mourant.
Viens, accours, ô noble Monarque,
Accours, car la fatale Parque
Va te laisser inconsolé ;
Et toi, sa tendre et digne mère,
De tes épreuves la dernière
Va laisser ton cœur désolé.

O vous, dont l'art grand et sublime
Dans nos douleurs sait nous guérir,
Volez auprès de la victime :
Hâtez-vous de la secourir !
De ses maux calmez la souffrance ;
Rendez à leur cœur l'espérance ;
Que bientôt le Prince vivant...
Mais, hélas ! déjà le Saint-Chrême,
Des mourans baptême suprême,
A touché son front pâlissant.

Qui peindrait le deuil, les alarmes,
De toute une famille en pleurs?
Ses frères, ses sœurs, tous en larmes,
Ensemble exhalant leurs douleurs?
Et cette mère infortunée
Offrant toute sa destinée
Pour racheter ce jour d'effroi?
Et son auguste et royal père,
Qui, tenant sa tête si chère,
Disait: Encor si c'était moi! »

C'en est fait : il est mort!... Son âme généreuse
A repris son essor vers l'aube radieuse
Qui se lève pour lui dans l'immortalité ;
Sur sa couche nouvelle on dirait qu'il repose :
Son front est toujours pur, et sa paupière close
Se rouvre dans l'éternité!

Hélas! ni son grand cœur, ni l'éclat de son âge,
Ni son âme si noble, et ce brillant courage
Qu'il déployait, naguère, en guidant nos soldats,
Ni cette main si prompte à calmer la misère,
Ni ces rares vertus qui promettaient un père,
N'ont pu le sauver du trépas!

Et bientôt, sur le seuil de la pauvre chaumière,
Un monarque apparut, dont la douleur amère
A peine comprimait des sanglots superflus ;
Il dit : « Il est venu pour nous le jour d'alarmes;
Comprenez nos regrets, peuple, en voyant nos larmes,
Car le prince royal n'est plus! »

Et puis on vit sortir la modeste civière,
Comme celle qui porte un mort au cimetière,
Et des soldats pleurant de trop cruels destins ;
Et l'on vit, dans ce jour d'angoisse générale,

Spectacle déchirant! la famille royale
Qui pleurait le long des chemins!

Quel amour désolant dut inonder leur âme,
Lorsque, près de ce corps que la tombe réclame,
La longue nuit passa dans de sombres douleurs :
Mort, ils croyaient le voir de partout reparaître ;
Le tombeau ne pouvait se faire reconnaître :
Il était vivant dans leurs cœurs!

Et le peuple pleurait, car le peuple de France
Des généreux instincts garde la conscience ;
Partout on ne voyait que des cœurs interdits ;
On eût dit, dans ce jour de douleur populaire,
Que, dans le Prince mort, chacun perdait un frère,
Chaque mère perdait un fils.

O mon Dieu, vos coups sont terribles!
Vous êtes le Dieu fort et grand,
Et vos lois, toujours invincibles,
Nous l'apprennent à chaque instant ;
Lorsque vous voulez, en une heure,
De la veuve, hélas! qui le pleure
Vous enlevez l'unique enfant ;
Et le Prince, plein d'espérance,
Vous le ravissez à la France :
Seigneur, vous êtes tout-puissant!

Vos décrets sont impénétrables :
Mais votre amour est infini,
Vos lois sont toujours adorables ;
Qu'en tout votre nom soit béni!
Au signe de votre puissance,
L'ange des morts part et s'élance,
Sur le monde il fond comme un trait :
Rapide, il ravit sur ses ailes,

Au sein des clartés éternelles,
Celui que la terre admirait!

Sous la pourpre et le diadême,
Nous l'aurions entouré d'amour ;
Au sein de la grandeur suprême,
Tout un peuple eût été sa cour ;
Au jour des périls de la France,
Aux frontières, pour sa défense,
Il eût guidé nos rangs vainqueurs ;
Partout eût brillé son courage:
Vivant, il eût eu notre hommage,
Mourant, il emporte nos pleurs.

Du moins, que dans notre mémoire
Il vive ce cœur si français!
Que chacun redise, à sa gloire,
Les jours marqués par ses bienfaits.
Autour du marbre séculaire
Où dort son urne funéraire
Confondons de communs regrets ;
Que de notre amour le symbole
Lui forme une illustre auréole
Qui dans les temps vive à jamais!

Noble enfant que la Providence
Nous a donné dans sa bonté,
Suis encore l'espoir de la France,
Rends-nous un prince regretté ;
De notre bonheur sois le gage,
Conserve l'auguste héritage,
L'héritage de ses vertus ;
Et lorsque, assis sur un grand trône,
Ton front aura ceint la couronne,
Fais vivre ce nouveau Titus.

Et toi, sa compagne chérie,
Qui, souriant au noble sort,
Naguère embellissais sa vie
Et maintenant pleures sa mort,
Rappelle-toi que l'espérance,
Au sein même de la souffrance,
Du malheur calme le courroux :
Quand luira l'éternelle aurore,
Oui, tu voudra revoir encore
Le même ciel que ton époux !

Je chantais, je pleurais, et ma harpe fidèle
Célébrait dans la nuit une étoile nouvelle
Qui se levait brillante au firmament plus beau:
Des volontés du Ciel c'est l'inégal partage,
Il choisit qui lui plaît ; j'avais presque son âge,
Et je pleure sur son tombeau!

TRAVAUX

DES COMICES AGRICOLES.

COMICE AGRICOLE DE MARVEJOLS.

PROCÈS-VERBAL DE DISTRIBUTION DE PRIMES.

Aujourd'hui, 13 juin 1843, MM. les membres du Comice agricole, réunis, sous la présidence de M. d'Espinassoux, pour la distribution des primes d'encouragement votées dans leur séance du 26 février ont commencé cette opération à dix heures et demie.

Une prime de 40 francs, pour la plus belle jument poulinière, a été adjugée au sieur Chauvet de la commune d'Arzenc.

Une prime de 50 francs a été adjugée pour le premier prix de taureaux au sieur David Laurens, fermier de la Baume.

Une prime de 25 francs a été adjugée au sieur Jean-Pierre Gotty, du lieu de Chauchailles, pour le deuxième prix.

Une prime de 25 francs a été décernée au sieur Crespin Théodore, de Berlières, pour une vache laitière.

Et celle de 15 francs, pour une vache laitière également, au sieur Jacques Astruc, du lieu du Bruel.

La prime de 20 francs pour la plus belle genisse a été donnée à M. Victor Fortuné Lafont, propriétaire au Grenier, pour un sujet très remarquable né et élevé dans ses propriétés.

Les primes de 40 francs, pour les deux plus beaux béliers, ont été accordées, le premier prix, 25 francs, au sieur Pascal, de Boudons, et le deuxième, 15 francs, au sieur Jacques Astruc, du Bruel.

Tous les sujets présentés ont été satisfaisans, à l'exception de la jument poulinière, qui n'a pas eu de concurrente. Une belle jument, appartenant au sieur Sinègre, de Plagnes, a dû être écartée du concours, n'ayant pas été saillie par un étalon approuvé du gouvernement. Aucune paire de bœufs ne s'étant présentée au concours, on ne sait trop pour quelle cause, la prime de 75 francs, qui leur était destinée, sera ajoutée à celles qui seront distribuées au premier concours, qui aura lieu le 29 septembre, jour de la foire dite *Saint-Michel*.

COMICE AGRICOLE DE FLORAC.

CONCOURS

POUR DES PRIMES D'ENCOURAGEMENT A L'AGRICULTURE.

Le Comice agricole de Florac,

Vu la subvention accordée par M. le Ministre de l'agriculture et du commerce;

Vu le règlement approuvé par M. le Préfet, le 8 novembre 1839,

ARRÊTE le programme suivant :

Art. 1er. Un concours pour la distribution de primes d'encouragement à l'agriculture aura lieu à Florac, le 6 décembre prochain, sur le champ de foire, à deux heures de l'après-midi.

Art. 2. Ces primes, destinées à encourager l'éducation des bestiaux et l'amélioration des races, seront réparties comme suit :

1° Pour le plus bel élève, cheval ou mulet. 25 fr.
2° Pour le plus beau taureau. 20
3° Pour le plus beau verrat. 15
4° Pour le plus beau bélier. 10
5° Pour le plus bel agneau. 5

Art. 3. Ces primes seront distribuées sur la proposition d'un jury composé de cinq membres du Comice, lequel prononcera à la majorité des suffrages, et pourra s'adjoindre, pour mieux éclairer sa décision, un artiste vétérinaire et deux agronomes notables, ayant voix consultative.

Art. 4. Pour être admis à concourir, il faut être propriétaire dans l'arrondissement et justifier, par la production d'un certificat délivré par le Maire de la commune, que les animaux destinés au concours ont été élevés dans la propriété du concurrent.

Art. 5. Les résultats du concours seront consignés dans un procès-verbal, dressé en double expédition, l'une pour être adressée à M. le Préfet, et l'autre pour être déposée dans les archives du Comice.

Florac, le 10 novembre 1842.

Signés : DE CABOT DE LA FARE, *président ;*
ALBARIC, pasteur, *secrétaire.*

Pour copie conforme,

Le Secrétaire,

ALBARIC.

Vu et approuvé par le Sous-préfet de Florac.

Florac, le 11 novembre 1842.

RENOUARD.

ÉLOGE FUNÈBRE

DE M. BOUYON, PRÉSIDENT.

PAR M. J. J. M. IGNON, SECRÉTAIRE PERPÉTUEL.

MESSIEURS,

Les relations d'ancienne, grande et étroite amitié que j'avais avec l'estimable collègue dont nous déplorons la perte, rendent, pour moi, bien pénible l'expression de mon dernier adieu. Aussi, trouvez bon que j'emprunte l'organe de l'un des membres de la Société (*) pour vous communiquer quelques faits que j'ai recueillis sur sa belle et honorable carrière.

Né à Vence, le 27 avril 1770, d'une famille notable de cette ville épiscopale de l'ancienne Provence (Var), M. Etienne Bouyon, après avoir fait de bonnes études, se destinant à entrer dans le commerce maritime, avait été en prendre les premières notions chez un de ses parens, négociant à Lorca, royaume de Murcie, en Espagne.

Rentré en France, au moment de la réquisition, il fut employé, en 1792, dans le service des hôpitaux militaires, et était directeur aux environs de Toulon, pendant le siége de Gênes ; plus tard, il fut attaché, dans la même administration, à l'armée du Rhin.

(*) Ce discours a été prononcé, le 4 juillet 1843, sur la tombe du défunt. L'auteur s'empresse de consigner ici l'expression de sa vive reconnaissance pour M. Rous, trésorier de la Société, qui a bien voulu le remplaçer.

A son retour, protégé par le maréchal Masséna, il obtint de l'emploi dans les bureaux du ministère des finances, et fut pourvu de la place de payeur du trésor dans le département de la Lozère, en 1810.

Depuis plus de trente-trois ans, vous avez été à même d'apprécier les excellentes qualités qui le distinguaient.

Comme fonctionnaire, il s'est fait remarquer par les connaissances approfondies de sa partie, par son intégrité, son zèle et son obligeance, égale pour tous ceux qui avaient des rapports avec lui.

Comme membre de la Société, il comptait parmi ses fondateurs en 1819, et il en était le président depuis le 26 mai 1836. Vos Annales font foi de la part active qu'il avait prise à vos travaux. Ses écrits décèlent un esprit bien cultivé, un bon littérateur.

Amant passionné de la pureté de la langue française ; ans la plupart de ses discours il a eu pour objet la manière de l'étudier, de la parler et de la propager dans le département.

Nous avons de lui un projet de travail tendant à recueillir les locutions vicieuses et à les corriger ; la solution de quelques questions grammaticales, un traité de la ponctuation ; et il s'occupait d'un traité des participes qu'il n'a pas eu le temps de réviser.

Homme de goût en littérature ; il puisait aux bonnes sources, et méprisait la plupart des publications du jour, qui affichent un cynisme révoltant et ne sont propres qu'à gâter l'esprit et à corrompre le cœur. Il ne lisait que les ouvrages des auteurs du premier ordre ; c'est dire assez qu'il était pour les classiques.

Il vous a donné, comme fruit de ses observations, un parallèle entre Bourdaloue et Massillon ; un mot sur Pascal et J.-J. Rousseau, et quelques rapprochemens du style épistolaire de Madame de Sévigné et de Voltaire.

Dans ses pensées et caractères, dont il se plaisait à vous faire hommage lors de vos séances publiques, il s'élève parfois à la hauteur de nos meilleurs moralistes.

La partie des lettres n'est pas la seule dont il se soit occupé. Nous avons de lui un petit traité sur la manière de jouer du violon ; un écrit sur la maladie des nerfs ; quelques articles sur l'horticulture, et notamment un dialogue sur les œillets. Il avait une grande passion pour cette plante, et on sait combien il aimait, à l'époque de la floraison, de montrer sa belle et nombreuse collection.

Comme homme privé ; jamais caractère plus doux, plus poli, plus aimable et plus modeste, malgré son instruction supérieure. Qui plus que moi pourrait révéler le charme de ses entretiens, l'étendue de ses connaissances et l'excellence de son cœur ; mais mon témoignage particulier n'ajouterait rien à la conviction générale ; il était tout à tous, il n'avait jamais eu d'ennemis, une voix unanime s'élève pour le louer et exprimer des regrets à sa perte.

Par exception, M Bouyon, étranger au département, satisfait du bon accueil qu'il y avait reçu, a voulu s'y fixer pour toujours, malgré qu'à raison de ses bons et loyaux services, on lui offrit, comme avancement, d'autres postes plus lucratifs. Il se glorifiait de sa patrie d'adoption, qui, à son tour, se félicitait de le posséder.

Vous parlerai-je de ses vertus domestiques ; vous le savez, il n'avait cessé de regretter la perte de sa fille, son unique enfant ; bon époux, ses derniers momens ont été partagés entre l'accomplissement de ses devoirs religieux et la manifestation de ses sentimens affectueux pour celle à laquelle il était uni depuis si long-temps, pour ses parens chéris, pour l'une de ses sœurs qui, arrivée de Vence quelques heures avant son agonie, a eu le bonheur d'en être reconnue et la douloureuse satisfaction d'aider à lui fermer les paupières; et je dois ajouter aussi pour ses amis intimes.

Puissent-ils tous trouver quelque adoucissement à l'amertume de cette séparation éternelle, dans cette faible esquisse que mon émotion me permet à peine de tracer imparfaitement.

Tant de belles qualités, tant de vertus publiques ou privées, donnent la mesure du vide qu'il laisse parmi nous, conservons sa mémoire, et saluons pour la dernière fois ses restes mortels.

Adieu excellent ami! Adieu bon concitoyen!

NOTICE NÉCROLOGIQUE,

COMMUNIQUÉE A LA SOCIÉTÉ LE 5 FÉVRIER 1842,

A L'OCCASION DU DÉCÈS

DE M. LE COMTE PELET, DE LA LOZÈRE.

PAR M. J. J. M. IGNON, SECRÉTAIRE PERPÉTUEL.

Les journaux de la capitale annoncent la mort d'un grand citoyen, dont s'honorait plus particulièrement, et à juste titre, ce département. M. le comte PELET, de la Lozère, pair de France, grand-officier de la Légion-d'Honneur, est décédé à Paris, le 26 janvier au matin, en son hôtel, rue des Champs-Elysées, dans sa quatre-vingt-troisième année (*). Ses obsèques ont eu lieu le 28. Conformément au vœu du défunt, le convoi n'a été précédé d'aucune cérémonie. A dix heures et demie, le corps à été placé dans le corbillard, et le cortége, composé de dix voitures de deuil et d'un nombre considérable de voitures bourgeoises, s'est mis en marche et s'est dirigé vers le cimetière du Père-Lachaise, où ses dépouilles mortelles ont été déposées.

Cette perte, qui a excité les regrets de toutes les personnes qui ont été à même d'apprécier les vertus publiques et privées de M. le comte Pelet, sera généralement sentie par tous les habitans de ce département, qu'il affectionnait au-delà de toute expression.

Dirons-nous qu'il a été successivement : en 1791, président du directoire du département de la Lozère ; en 1792, député à la Convention, et en 1795, président de

(*) Il était né à St-Jean-du-Gard, le 23 février 1759.

cette assemblée ; nommé par 71 colléges électoraux à la fois au Conseil des Cinq-Cents ; en 1800, préfet de Vaucluse ; en 1802, conseiller d'État chargé du deuxième arrondissement de la police générale de l'empire, qui comprenait tout le midi de la France ; en 1804 et 1806, président du collége électoral de la Lozère, qui le nomma, à chacune de ces sessions, candidat au sénat conservateur ; comte de l'empire ; commandeur de la Légion-d'Honneur ; en 1814, commissaire extraordinaire dans la 9e division militaire ; dans les cent jours, ministre de la police générale ; pair de France, et depuis 1830, grand-officier de la Légion-d'Honneur. Nous laissons à une plume plus éloquente, mais non pas plus dévouée, le soin de consacrer une notice biographique à l'illustre défunt ; nous nous contenterons, pour le moment, de répéter ce que nous avons dit, dans une autre circonstance, du haut patronnage de M. le comte Pelet, si bien partagé par son digne successeur, qu'on le trouva toujours disposé à user de son crédit pour être utile au département. Sa maison a été constamment ouverte à tous les Lozériens qui se sont rendus à Paris ; et on était sûr d'y trouver bon accueil. Combien de personnes du pays ne doivent-elles pas à son obligeance les bienfaits de l'éducation qu'elles ont reçue et l'obtention des places qu'elles occupent.......

EXTRAITS

DE

COMMUNICATIONS

FAITES DANS DIVERSES SÉANCES.

Culture du Sarrasin.

Le sarrasin (*polygonum fagopyrum*) est une ressource précieuse pour les pays pauvres et les sols sabloneux, froids et médiocres.

C'est surtout dans les terrains nouvellement défrichés qu'il est appelé à rendre de grands services.

Le sarrasin réussit partout, excepté dans les terrains argileux.

La graine de sarrasin sert à la nourriture de l'homme et des animaux.

Cette plante, fauchée en fleur, constitue un très-bon fourrage ; sous ce rapport, elle est fort précieuse, parce que la promptitude de sa croissance la rend propre à remplacer d'autres plantes à fourrage qui n'auraient pas réussi. C'est une des meilleures récoltes que l'on connaisse pour être enfouie, comme engrais, lorsqu'elle est en fleur. Le sarrasin est d'ailleurs une récolte très-commode dans les assolements, parce qu'il peut, à raison de l'époque à laquelle on le sème et du labour qui précède la semaille, remplacer les récoltes sarclées, et parce qu'on peut le placer indifféremment avant ou après toute espèce d'autre récolte.

C'est dans le mois de juin qu'il convient de semer le sarrasin, qui est très-sensible au froid; on peut même attendre jusqu'au mois de juillet.

Il ne convient pas cependant d'attendre trop long-temps quand on veut lui donner le temps de mûrir. Si au contraire on se proposait de le faucher pour nourrir le bétail, on pourrait retarder de près d'un mois l'époque habituelle de la semaille. Dans le premier cas, un demi-hectolitre de graine suffit à l'ensemencement d'un hectare, tandis que, dans le second, on peut employer un hectolitre sans inconvénient.

Si on attend la maturité complète du sarrasin, on perd beaucoup de graines, parce que cette plante fleurit inégalement. Cette particularité oblige à choisir un terme moyen pour faire la récolte.

Malgré les avantages qu'on attribue au sarrasin donné en vert aux animaux, il paraît, d'après des observations soigneusement recueillies, que cette nourriture, servie en trop forte quantité, les expose à des vertiges et à des accidents assez graves.

(*Sentinelle des Campagnes.*)

Nouvelle espèce de mûrier.

Le mûrier *lou* est cette précieuse variété qui, en Chine, où elle a été reconnue très supérieure à toutes les autres, fait la base des éducations des vers à soie.

Ce mûrier a paru pour la première fois, en France, dans les belles cultures de l'habile directeur des bergeries du Sénart, M. Camille Beauvais, il y a environ sept ans, et c'est par les soins éclairés de cet agronome distingué, que le *lou* a été considérablement multiplié, et surtout étudié avec attention (*).

Il est résulté de ces études que ce beau mûrier doit être désormais rangé au nombre des plus précieux du genre, car il se fait remarquer par une végétation luxuriante, par l'abondance de ses feuilles et leur rapprochement sur la tige ; il possède, en outre, l'immense avantage de de se reproduire facilement de bouture, et enfin, il s'aoûte parfaitement sous la latitude parisienne.

Le mûrier *lou*, bien que possédant au premier abord un peu de l'aspect du mûrier nommé multicaule, Perrottet ou des Philippines, lui est cependant très-supérieur. En effet ses feuilles ont plus de consistance, sont plus unies, plus épaisses que celles du multicaule, et leur dimension n'étant jamais démesurée comme dans cette espèce-ci, elles ne se maculent point au moindre vent. Elles sont surtout infiniment préférables à ces dernières pour l'alimentation des vers, et les cocons obtenus par leur emploi sont beaucoup meilleurs que ceux que donnent les vers nourris avec les feuilles du mûrier sauvage, qui serait supérieur à tous, si ce n'était l'extrême petitesse de ses feuilles.

En plantant le mûrier *lou*, il faudra avoir soin de ne point enfoncer ses racines trop profondément, c'est-à-dire plus qu'elles ne l'étaient ; on coupera aussitôt la tige à 5 centimètres du collet. Dans l'été qui suivra cette plantation, chaque mûrier s'élèvera environ 2 mètres. Cette nouvelle tige, au printemps suivant, pourra être coupée à 4 centimètres du sol, et elle servira à faire plusieurs boutures de trois yeux chacune. Ces

---

(*) On ne peut encore se procurer le mûrier *lou* en quantités notables que chez M. Ossian Verdeau, rue de la Chaussée-d'Antin, n° 7, ou chez MM. Vilmorin, Andrieux et Comp., à Paris.

boutures seront enterrées perpendiculairement, de façon à ne laisser paraître qu'un œil qui, la même année, produira à son tour une belle tige de 100 à 120 centimètres.

Il est aisé de juger, par cet exemple, combien il sera facile désormais de créer promptement de belles et utiles cultures de mûriers.

La Société séricicole, dont le siége est à Paris, rue Taranne, n° 13, publie, depuis quatre ans, des Annales très-remarquables; ces annales sont indispensables à toutes les personnes qui s'intéressent à la prospérité de notre industrie sétifère. Il est juste de faire remarquer ici que le zèle éclairé de M. le vicomte Héricart de Thury, président de cette Société, de celui de M. Frédéric de Boulenois, secrétaire, leur ont mérité la reconnaissance de tous les amis de cette belle et riche industrie.

Vicomte A. de Barruël-Beauvert,
Membre correspondant de la Société royale et centrale d'agriculture de Paris.

(Extrait du *Moniteur* du 8 février.)

Extrait d'une lettre de M. de Rosset *sur la culture comparée du chanvre de Piémont et du chanvre ordinaire.*

J'ai ensemencé deux chenevières, l'une de la contenance de 300 mètres, avec de la graine de chanvre de Piémont achetée sur les lieux; l'autre, de la contenance de 600 mètres, avec de la bonne graine du pays.

Ces chenevières sont dans un bon terrain; la plus grande a été mieux fumée que l'autre; elles sont dans le même en froit, séparées par des bâtimens ; elles ont été ensemencées dans le même temps Ces chanvres n'ont pas souffert d'intempéries. Arrivés à mâturité, ils présentaient une belle apparence, chacun dans son espèce, car le chanvre de Piémont était beaucoup plus haut et plus fort que l'autre.

J'ai soigneusement séparé les produits des deux chenevières.

Celle de 300 mètres de contenance, ensemencée de chenevis de Piémont, a donné 125 kilog. de chanvre teillé, qui, à 1 fr. le kilog., font 125 fr. ; en sorte que le journal (800 mètres) aurait produit . . . 333 fr. 33 c.

Celle de 600 mètres, ensemencée de chenevis du pays, a produit 150 kilog. de chanvre teillé, qui, à 1 fr. ont fait 150 fr. Le journal aurait produit. . . . . : 200 00

Différence. 133 33

Ainsi, l'excédant du produit brut d'un journal de terre ensemencé en graine de chanvre de Piémont sur celui d'un journal ensemencé en graine de chanvre du pays serait de 133 fr. 33 c.

(*Annales de l'Agriculture française.*)

Destruction des Chenilles.

Durant l'hiver, la chenille disparaît, soit en se cachant dans les parties mortes ou calleuses des arbres, soit en descendant au pied, où on la trouve se nourrissant du suc des racines. Mais, dans le commencement du printemps, elle sort de sa retraite, se multiplie rapidement, et, si on ne la détruit pas, elle fait de grands ravages jusqu'à l'automne, époque où elle retourne se blottir dans les endroits que nous venons de signaler.

Il faut donc se hâter de nettoyer avec soin le tronc et les branches de toutes les écorces soulevées qui lui servent de refuge. Il serait même bon de racler l'arbre entier jusqu'à l'écorce vive. Si les insectes sont rassemblés dans les nœuds ou entre des branches où ils se multiplient, le plus prudent est de couper ces parties attaquées, après quoi, le tronc et les branches doivent être enduits du lavis dont voici la composition :

			hectol.
Chaux vive.			0,060
	liv.	onces	kilog.
Fleur de soufre. .	0	8 . .	0,244
Noir de fumée. . .	0	4 . .	0,122

Le tout délayé dans une quantité d'eau bouillante suffisante pour que le mélange ait la consistance d'une peinture un peu épaisse. Pour que cette composition produise l'effet attendu, il faut qu'elle soit employée à un degré de chaleur un peu au-dessus de celle du sang, c'est-à-dire 33 degrés *Réaumur* au-dessus de zéro. Un fort pinceau est indispensable si l'on veut l'étendre convenablement.

Ainsi que nous venons de le dire, la chenille pénètre dans le guéret du pied des arbres ; il est donc nécessaire de les déchausser jusqu'aux principales racines et d'y appliquer la composition aussi loin qu'on y trouvera des traces de cet insecte. Il en est de même des branches, que l'on enduira partout où il sera possible d'atteindre. C'est vers le mois d'août que les chenilles voient se former leurs ailes et qu'elles se répandent d'un arbre à l'autre ; c'est pourquoi il est essentiel de surveiller cet instant de leur métamorphose, afin de recommencer l'opération, qui, par un temps sec, peut avoir lieu jusqu'à l'entrée de l'hiver.

Sur les jeunes arbres, on peut faire usage du vinaigre à 24 degrés, qui détruira complètement les chenilles; mais le prix élevé de ce vinaigre empêche de pouvoir l'employer sur les grands arbres.

J. Barbaroux,
Juge de paix, président.

1.er *Bulletin du Comice agricole d'Aubagne* (Bouches-du-Rhône)

Note sur le panais (pastinaca sativa).

La culture de cette racine exige les mêmes conditions que celle de la carotte, mais un labour plus profond (de 0m,487 au moins), les pointes de ces racines s'étendant au moins à cette profondeur. Ordinairement la principale se bifurquant, il s'en forme plusieurs autres qui se rattachent au-dessous du collet de la plante à la racine centrale; il faut donc, pour que ces racines obtiennent leur complet développement, que la terre soit suffisamment défoncée et qu'elles soient plus espacées que la carotte. Je crois indispensable de leur accorder en ligne 0m,324 de distance entre elles et 0m,487 entre lignes.

Plus sucrées, moins aqueuses, mais plus aromatisées que la carotte, elles me semblent plus nourrissantes, et préférables pour la nourriture des brebis.

Elles résistent bien en terre à l'action de la gelée.

Leur déterrement est difficile pour les obtenir entières et non meurtries, parce qu'il doit être proportionné à leur enfoncement. Mais, en dernière analyse, c'est un avantage qu'en obtient la terre, laquelle se trouve bien préparée pour la culture de toute autre plante pivotante qu'on aurait à y établir aussitôt après cette récolte, la luzerne par exemple. C'est ainsi que non seulement on peut faire disparaître l'inconvénient qu'occasionne ce surcroît de main-d'œuvre ou de dépense, mais en profiter pour l'établissement de la culture à faire succéder à cette sorte de défoncement répété.

VALLET DE VILLENEUVE.

(*Le Cultivateur.*)

NOTICE

SUR

LES MONUMENS ANTIQUES

ET

DU MOYEN AGE

DU DÉPARTEMENT DE LA LOZÈRE,

PAR M. J. J. M. IGNON, SECRÉTAIRE PERPÉTUEL.

DEUXIEME PARTIE. (*Suite*) (1).

MONUMENS ROMAINS.

LANUÉJOLS (2.)

La commune de Lanuéjols, dans le Valdonnez, à 8 kilomètres sud-est de Mende, possède un monument romain le mieux conservé et le plus remarquable du département de la Lozère.

(1) Voir le commencement de cette partie dans le 12e volume des Mémoires de la Société, 1840-1841, page 129 et suiv.

(2) Ce nom est écrit indistinctement d'un seul mot : *Lanuéjols* ou de deux : *la Nuéjol*, *la Nuéjols* J'ai suivi l'orthographe la plus usitée, celle dont on s'est servi pour désigner deux autres villages, en France, qui portent le même nom, et dont l'étymologie me paraît la même, *Lanuéjols*, dans le département du Gard, et *Lanuéjouls*, dans celui de l'Aveyron.

Malgré l'existence d'un monument romain à *Lanuéjols* (Lozère), ce nom n'appartient pas entièrement à la langue de ces conquérans des Gaules; il lui a été imposé postérieurement à leur occupation, et il paraît dériver de la langue romane, qui s'est formée de la corruption du latin. Ce pays devait abonder en noyers. Le nom latin *nux*, *nucis*, noyer, était désigné en langue romane par celui de *nuéjho*, et son diminutif

Ce monument était peu connu. Le premier auteur qui en ait parlé est le Pere L'Ouvreleul, de la doctrine chrétienne. Voici ce qu'il en dit dans ses Mémoires historiques sur le pays du Gévaudan :

« On considère comme une belle pièce d'architecture » le mausolée de Plancus, chef de l'armée romaine, qui » passa autrefois par le Gévaudan. Il est dans un champ » entre le village de la Nuëjol et le château du Boy, » à une lieue de Mende. Le temps a tellement gâté » l'inscription du frontispice, qu'on ne peut la déchif- » frer. »

A l'époque où le bon Père publia ces quelques lignes, à peu près en 1724, on était peu versé en archéologie dans le Gévaudan, et son opinion n'eût pas de contradicteurs. On ne considéra plus, sur sa parole, le monument de Lanuéjols que comme le mausolée de Plancus. Un recteur de collége devait alors faire autorité en matière d'histoire; mais L'Ouvreleul ne dit pas sur quoi il fonde cette opinion. Aucune des personnes qui ont lu les quelques mots déchiffrables de l'inscription n'y a trouvé le nom de Plancus.

---

nuéjhol; de là, suivant la nouvelle édition du Dictionnaire languedocien, *la nuéjho* et *la nuéjhol*, que l'on conjecture être les mêmes que *nòuze* et *nouzilio*, en patois languedocien, et *noujho*, *noujheirolo*, en patois gévaudanois.

Cette étymologie me paraît préférable à celle qu'on a hasardée dans une notice historique sur le mausolée de Lanuéjols, publiée en 1843, qui fait dériver Lanuéjols de *nujola*, diminutif de *nugæ*, bagatelle. Outre que le mot *nujola* est de pure invention, comme le mot *nugæ* signifie aussi *niaiseries*, *fadaises*, je laisse à son auteur d'en faire l'application à son interprétation.

Les habitans de *Lanuéjols* appellent leur village, en patois, *Lanuéjho*; dans la *France pittoresque* et dans le *Guide pittoresque du voyageur en France* on l'indique sous les noms de Lanuéjols ou *Lanougeole*; ce qui se rapporte toujours à la même étymologie, qu'on n'en fasse qu'un ou deux mots.

D'ailleurs on sait que Plancus, qui commandait avec Lépide et Silanus quelques légions romaines dans les Gaules, en l'an 710 de Rome, fonda, d'après les ordres du sénat, la colonie de Lyon et celle des Rauriques (3), et que, rentré en Italie, il y mourut, l'an 731 de Rome, revêtu de la dignité de censeur, ainsi que le porte l'inscription qu'on lit encore sur son tombeau, à Gaëte, ville du royaume de Naples (4).

Postérieurement à l'opinion de L'Ouvreleul, le monument de Lanuéjols fut indiqué sous le nom de *tombeau romain*, dans la 55e feuille de la carte de Cassini, dont l'exécution fut commencée vers 1750. Ainsi ce savant académicien ou les ingénieurs géographes employés sous lui ne trouvant rien, dans ce qu'on pouvait alors lire de l'inscription, qui justifiât qu'il eût été érigé à Plancus, le désignèrent sous un nom générique plus convenable.

Le monument de Lanuéjols est situé à l'ouest de ce village, à côté du pré dit des Clastres, qui fut vendu comme bien national. Le nouveau propriétaire tenant peu à sa conservation, se proposait, en 1805, de le démolir et d'en employer les matériaux à construire des

---

(3) Description historique de Lyon, par N, F. Cochard, 1817.

(4) Itinerario ouero nuova descrittione de viaggi principali d'Italia. Di Francesco Scotti. — In Roma, 1450.

Description historique de l'Italie, par M. de L. M., de l'académie de Saint-Luc, à Rome, 1776.

Voici l'inscription du mausolée de Gaëte, telle que la donnent ces deux auteurs :

L. MVNATIVS L. F L. N L. PRON.
PLANCVS. COS CENS. IMP. ITER. VII VIR. EPVLON.
TRIVMP. EX ROETIS. AEDEM. SATVRNI
FECIT. DE. MANIBIS AGROS. DIVISIT IN. ITALIA
BENEVENTI. IN GALLIA. COLONIAS DEDVXIT.
LVGDVNVM. ET RAVRICAM.

murs pour clore sa propriété. M. Florens, alors préfet du département, instruit de ce projet, s'opposa à son exécution, et le monument fut respecté; mais il est voisin d'un petit ravin qui, à la suite de grandes averses ou d'orages, l'encombre de terre et de pierrailles.

Lorsque M. Gamot, qui avait succédé à M. Florens dans la préfecture de la Lozère, fut le visiter, vers la fin de mai 1813, accompagné de M. Le Boullenger, ingénieur en chef des ponts et chaussées du département, il ne put remarquer sans peine que ce monument, digne d'exciter l'attention publique, était presqu'à moitié enterré, et il adressa au Ministre de l'intérieur, le 3 juin 1813, une notice sur son état, en lui demandant les fonds nécessaires pour le faire déblayer.

Cette notice, qui était la première description qu'on eût faite de ce monument, fut insérée, par extrait, dans le *Journal de la Lozère* du 25 juillet 1813, N.° 745.

M. le Ministre ayant accordé son autorisation, des fouilles furent commencées au mois d'octobre suivant et suspendues en novembre, à cause des pluies et des gelées. Les résultats de ce premier travail furent constatés, et un nouveau rapport fut adressé au même Ministre, le 10 août 1814, et communiqué par S. Exc. à l'Académie des Inscriptions et Belles-Lettres, 3e classe de l'Institut de France.

C'est ce rapport que j'ai déjà désigné sous le nom de *Notice manuscrite*, en ce qui concerne les monumens de la période gauloise et Javols, sur lesquels on avait fourni à M. Gamot des données bien erronnées, que j'ai cru devoir combattre.

Il n'en est pas tout à fait de même de la description du monument de Lanuéjols et de ses dimensions, qui laissent peu à désirer. M. Gamot, assisté de M. Le Boullenger, en présence d'un objet d'art, n'avait pas besoin de notes officieuses; ses yeux et un mètre ont suffi pour qu'il fut à même de le décrire d'une manière exacte et minutieuse, ainsi que la commission de l'Institut se plaît à le reconnaître.

Je crois convenable de consigner ici tout ce qui, dans ce rapport, a principalement trait à la partie descriptive de ce monument, et je m'occuperai ensuite des opinions émises sur son origine et sa destination.

Voici comment M. Gamot s'exprime sur le résultat de sa première visite au monument de Lanuéjols. (*Extrait de la lettre du 3 juin 1813, à M. le Ministre de l'Intérieur*) :

« Le monument, situé à l'ouest du village de Lanuéjols, est un quadrilatère dont chaque face regarde un des points cardinaux du globe.

» Trois côtés sont apparens et enterrés aux trois quarts à peu près de leur hauteur, le quatrième est tout-à-fait enterré. Le chemin du village passe sur la face opposée au nord.

» Chaque côté du quadrilatère a extérieurement 6 mètres 75 centimètres et intérieurement 5 mètres 55 centimètres, ce qui donne d'épaisseur aux murs 58 centimètres.

» Toutes les pierres ont cette largeur sur une longueur de 1 à 4 mètres.

» Le milieu de la façade de l'est est occupé par les arrachemens en saillie d'un arc de voûte. On aperçoit dans la pierre de taille, sur le nu du mur, les encastremens du fronton qui devait le recouvrir.

» La façade opposée à l'ouest est percée dans son milieu par une porte dont on n'aperçoit plus que l'imposte et l'arc en plein cintre qui le surmonte; cet arc a deux mètres 8 centimètres de diamètre ; il est ceint d'une archivolte décorée d'une frise, portant des génies aîlés et des enroulemens ornés de feuilles de pavots.

» Cette archivolte a de largeur 35 centimètres. L'imposte est formée par une pierre plus fine et malheureusement plus tendre que les autres : elle renferme dans un cadre en sculpture une inscription presqu'illisible; il y a cependant beaucoup de lettres très apparentes. J'ai cru lire assez distinctement *Circùm jacentibus*. Au reste, le bout de cette imposte du côté du nord est enterré, ainsi qu'une partie de la façade qui porte l'inscription.

» Le milieu de la façade opposée au sud, est occupé par un porche dont la saillie est de 1 mètre 30 centimètres. Ce porche a été couronné par un fronton dont on voit les encastremens dans le mur adjacent. On n'aperçoit que la partie supérieure du porche : le reste est enterré.

» Les quatre angles apparens du monument sont décorés de quatre pilastres. Ceux de la façade de l'ouest sont corinthiens ; ceux de la façade du sud sont, l'un corinthien, du côté de l'ouest ; l'autre d'une espèce de dorique, formé par des lames imbriquées ; ceux de la façade de l'est sont de l'espèce de dorique dont il vient d'être parlé. Ces chapiteaux ont 70 centimètres de hauteur. La largeur du pilastre près l'astragale est de 48 centimètres.

» L'architrave a 63 centimètres de hauteur. Elle est formée de trois bandeaux en imbrication, les uns sur les autres, de 83 centimètres de saillie, couronnés par une cymaise. La frise est toute unie et a 56 centimètres de hauteur.

» La corniche est d'un beau profil ; la saillie est supportée par des modillons consolés de 27 centimètres de largeur, espacés tant plein que vide. La hauteur est de 63 centimètres sur pareille saillie. Le seul quartier qui en reste est d'un bloc et a 62 centimètres de hauteur sur un mètre 23 centimètres de largeur.

» Du côté du sud, les pilastres ne sont apparens que de 1 mètre 40 centimètres.

» Du côté, du nord, le chemin du village les couvre.

» En supposant que les pilastres aient 10 décimètres de hauteur, la hauteur totale serait de 4 mètres 70 centimètres, à quoi il faut ajouter la hauteur du dé et le soubassement de l'édifice, s'il y en a un. On peut estimer la hauteur totale à 6 mètres 10 millimètres.

» Les pierres calcaires employées à ce monument sont extrêmement dures, d'un très-gros volume et semblent avoir été unies par des goujons de cuivre que l'on s'est efforcé de retirer en ruinant les pierres au droit des goujons.

» Le monument est sans couverture ; ses parois intérieures n'offrent aucun ornement. »

M. Gamot, dans son Mémoire du 10 août 1814, auquel est joint le plan et les élévations de chaque face du monument qu'il avait fait mesurer avec soin, chaque pierre même s'y trouvant figurée avec sa longueur et sa largeur, rend compte à M. le Ministre de l'intérieur du résultat des fouilles de la manière suivante :

« Les dimensions générales que nous avions prévues sont les mêmes, à quelques légères différences près, qui font croire que les architectes de cette construction n'étaient peut-être pas de la classe des plus habiles.

» La partie extérieure récemment déblayée est beaucoup mieux conservée que ce qui était hors de terre. Les pierres sont bien taillées, bien jointes, et on ne les a point ruinées au droit des goujons comme les autres ; quelques unes ont jusqu'à 12 pieds de longueur.

Leur nature est calcaire, comme celle de toute la construction.

» Une tradition du pays disait que le monument était ouvert des quatre côtés, qu'il se trouvait dans le milieu du chemin du village, et qu'on passait à cheval par-dessous : cela ne s'est pas confirmé. Le monument n'a qu'une ouverture qui fait face à l'ouest.

» Le fronton opposé au midi nous avait fait supposer qu'il existait un porche de ce côté. Cela n'est point : le mur existe du haut en bas. Le fronton n'est qu'un ornement d'une saillie extérieure nécessaire à un enfoncement de même dimension pratiqué à l'intérieur. Le même fronton a existé du côté de l'est et du nord.

» L'intérieur du monument donne l'idée d'un petit temple ou tombeau dans lequel on a pratiqué trois enfoncemens à angles droits. Ceux des côtés ont environ 9 pieds et semblent avoir été destinés à placer des sarcophages ; celui qui fait face à la porte n'a que 6 pieds de large ; son plafond est terminé en arc de voûte surbaissée : il semblerait avoir été destiné à recevoir un autel.

» La face intérieure des pierres n'est que dégrossie et percée d'une grande quantité de trous ruinés, qui font croire qu'il existait sur les parois un revêtement en marbre ; tout a été arraché et enlevé. L'emplacement des sarcophages et celui du pavé en entier ont été profondément fouillés. »

Voilà pour la partie descriptive. M. Gamot, dans l'absence de documents écrits, et vu la difficulté de déchiffrer l'inscription, dans sa lettre du 3 juin à M. le Ministre de l'intérieur, avait dit :

« Ce que l'on peut raisonnablement supposer, c'es que, dans les guerres que César fit aux *Arverni*, habitans de l'Auvergne, il passa par le pays des *Gabali*, Gévaudanois ; qu'une division de son armée eût, dans le voisinage de la Nuéjols, une affaire où elle remporta un avantage décisif, mais où elle perdit beaucoup de monde, et que le chef de cette division fit élever ce monument aux soldats morts sur le champ de bataille. Cette explication s'arrangerait assez avec les mots *circum jacentibus* que j'ai cru lire. »

Après les fouilles, voici comment il termine son rapport :

« Jusqu'à présent la même incertitude existe, et l'on se demande à quoi était destiné ce monument.

» M. Cayx, ingénieur vérificateur du cadastre, qui s'en est occupé, dit qu'il ne porte aucun emblème applicable à des guerriers; il prétend avoir lu une partie de l'inscription qu'il présente ainsi :

HONORI ET MEMORIA LPOMPON.... BAS.... ORVM.....
MORVM..... PONPONIA EGOIA MATER..... AFVNDAMEN.....
SVMMATIONEM ... TRVXER..... AEDIFIC..... AN.....
CIRCUM JACENTIBUS.

et il juge que c'est un monument de tendresse maternelle élevé par Pomponia et son époux à la mémoire de leurs enfans, morts en bas âge. Il s'en faut de beaucoup que j'aie lu autant de mots ; mais il me semble que l'explication ne s'accorde point avec ceux *circum jacentibus*, qui sont parfaitement conservés et que chacun peut lire.

» L'emplacement sur lequel est placée cette construction n'était-il point plutôt un cimetière de village ? n'a-t-on point voulu en changer la destination et, par respect pour les morts, n'en a-t-on pas rassemblé les restes dans ce monument ?

» On peut se faire beaucoup de questions semblables; malheureusement on n'a encore rien trouvé qui puisse éclairer sur ce que l'on cherche. La construction est d'une grande solidité; elle a été faite à grands frais. Les règles de l'art n'y sont point observées; voilà ce qui est certain.

» Le déblai est trop avancé pour qu'on ne le termine pas. Il existe encore assez de fonds sur la somme accordée pour conduire l'entreprise à sa fin; peut-être trouvera-t-on quelque médaille qui fixera les incertitudes. »

Voici les observations de la commission de l'Académie des Inscriptions et Belles-Lettres de l'Institut sur la partie du Mémoire de M. Gamot concernant le monument de Lanuéjols. (Cette commission était composée de MM. Visconti, Quatremère et de Walckenaer, rapporteur.)

« C'est à la Nuéjols, petit village à une lieue à l'est de Mende, que se trouve le plus important de ces monumens. Le Père L'Ouvreleul en a parlé dans ses Mémoires historiques sur le pays du Gévaudan, sous le nom de *Mausolée de Plancus*, et il porte celui de *Tombeau romain*, sur la feuille 55 de la carte de Cassini, qui en marque l'emplacement. Il n'avait point été décrit et était enterré aux trois quarts. M. le Préfet a fait déblayer les terres qui le couvraient, et quoiqu'on ait été obligé de suspendre, au commencement de novembre, les fouilles commencées au mois d'octobre dernier, le travail a été cependant assez avancé pour donner une idée positive du monument. M. Gamot a fait dessiner et mesurer avec soin les plans et les élévations de chaque face. Il en donne une description exacte et minutieuse, et il ajoute que, sur la somme accordée pour cette dépense, il en reste encore assez pour conduire l'entreprise à sa fin, et qu'il espère qu'on trouvera quelques médailles propres à fixer les incertitudes relatives à la destination de ce monument.

» C'est sans aucun doute *un tombeau.* Chacun des côtés est tourné vers un des quatre points cardinaux et forme un quadrilatère dont les faces extérieures ont 6 mètres 75 centimètres, ou 20 pieds carrés. Suivant l'inscription qui est placée au-dessus de la porte, et que l'ingénieur M. Cayx a lue en partie, ce tombeau appartenait à un *Pomponius Bassus.* Les Pomponius Bassus sont connus parmi les familles romaines du troisième siècle de l'ère chrétienne; mais celui dont il est question dans l'inscription était un habitant des Gaules. Les provinciaux qui avaient acquis le droit de citoyens romains obtenaient aussi de leurs protecteurs à Rome le privilége de porter leurs noms. Ce monument appartient donc au troisième siècle; le goût de l'architecture confirme cette supposition. Le cartouche qui contient l'inscription avec les deux figures ailées qui le soutiennent ressemble à celui des thermes de sainte Hélène, mère de l'empereur Constantin, que l'on voit dans une des salles du musée *Pio Clementino,* à Rome, et qui est du commencement du quatrième siècle. Cette ressemblance est d'autant plus remarquable que tout près de la Nuéjols, où est ce tombeau, est un petit village qui porte le nom de Sainte-Hélène. Les pilastres sont tous Corinthiens, et il n'y en a point de doriques, comme on le prétend dans le Mémoire de M. Gamot; ceux qui ont paru tels sont corinthiens comme les autres, mais, n'étant pas sur la façade du monument, on ne les a pas terminés, et ils ont été laissés en bossage. Le plan du tombeau présente trois niches carrées ou trois enfoncemens réservés pour y placer trois sarcophages. Le mot *circum jacentibus* qui termine l'inscription doit avoir rapport aux champs ou aux édifices qui environnaient ce tombeau, et qui devaient être également consacrés à des usages religieux ou funéraires. »

Le rapport de la commission de l'Académie des Inscriptions et Belles-Lettres de l'Institut se termine ainsi :

« Vos commissaires pensent que le monument de la Nuéjols mérite l'attention du Gouvernement, et qu'il est à souhaiter qu'on en termine le déblai et qu'on prenne les mesures nécessaires pour le préserver d'une entière destruction ; qu'enfin on doit savoir beaucoup de gré à M. Gamot des peines qu'il a prises pour le faire connaître et du zèle éclairé dont il est animé pour le progrès des études antiques. »

Je crois devoir ajouter que M. Gamot avait omis de signaler un vase ayant à côté de chaque anse un oiseau, qui se trouve sculpté dans l'intérieur du monument, à l'archivolte du cintre de la frise de la partie qui fait face à la porte.

Suivant M. Grivaud de la Vincelle, l'oiseau était, ainsi que le papillon, le symbole de l'âme. Cet antiquaire cite un cippe où un enfant caresse une colombe, « symbole de la religion chrétienne dans les » premiers siècles de l'Eglise. Cet oiseau rappelait » la réconciliation des hommes avec Dieu, lors» qu'après le déluge il rapporta un rameau d'oli» vier au patriarche que la colère du Ciel avait épar» gné (5). »

(5) Recueil de monumens antiques, etc. Tome II, p. 235.

Ici cet emblême viendrait à l'appui de l'opinion qui fixe au troisième ou au quatrième siècle l'époque de l'érection de ce monument, sous le règne d'un empereur qui assura le triomphe du christianisme et la ruine de l'idolâtrie.

Des dégradations anciennement commises à l'inscription du monument, par ceux même qui ont cherché à l'expliquer, soit en creusant les lettres peu apparentes, soit en en ajoutant dans certains vides pour former des mots à leur manière, par ignorance complète de ce genre de document, où tout doit être respecté, ont rendu plus difficile, pour ne pas dire impossible, le travail de ceux qui sont venus après pour la déchiffrer, afin de lui assigner une destination.

Cette inscription se compose de cinq lignes ; celle rapportée plus haut, telle que l'avait donnée M. Gamot dans son Mémoire, n'en renferme que quatre. Pour réparer cette inexactitude, M. Le Boullenger fut, le 17 mai 1815, en faire une nouvelle copie qui offre quelques variantes.

Dans l'exemplaire qu'il me donna, il assure que les lettres indiquées en grandes capitales sont les traits que l'on a reconnu d'une manière incontestable ; que les petites capitales représentent les traits douteux, et que les points marquent l'espace que devaient occuper celles que l'on suppose effacées.

Sans partager entièrement l'opinion de M. Le Boullenger sur les lettres à ajouter, je donne ici cette inscription, comme la plus exactement copiée jusqu'à ce jour :

INSCRIPTION DU MONUMENT DE LANUÉJOLS.

HONOR ET MEMORIAE IVLII POMPON BASSVI FILIVS
BALLI· IN FILIORVM PI···· MORVM LIVIVS BAS···IANV··· PATER
ET ROMIOMAREGOIA MATER ···· EJEMAFVNDAMENTOVS
O···ECON·····VMNIONDM EXSTRVXERVNT ET DEDICAVERVN
············ CVM EDIFICIIS CIRCVM IACENTIBVS

0 m. 58 c.

2 m. 20 c.

On remarquera que les mots *Pompon Bas.* ou *Bassu* qui ont donné lieu à l'explication de la commission de l'Institut, se trouvent également dans l'une et l'autre copie ; mais, ce qu'il y a d'étonnant, c'est que M. Cayx, d'après le témoignage duquel Mr. Gamot avait donné la première, a postérieurement publié, dans les Mémoires de la Société royale des antiquaires de France, 8e vol., 1829, une nouvelle version. Mon intention n'est pas de relever cette contradiction ; d'ailleurs les moyens employés par M. Le Boullenger pour la déchiffrer, après toutes les altérations qu'elle avait subies, me paraissent offrir plus de garanties, sans cependant y avoir trouvé, lorsque je l'ai examinée, tout ce qu'il y avait vu.

Le ravin ayant mis à découvert l'angle d'une pierre de taille tout près du monument qu'on venait de déblayer et de restaurer en partie, on essaya de nouvelles fouilles, vers la fin de 1815 et au commencement de 1816, dans l'espoir de trouver d'autres monumens que semblait indiquer le *circum jacentibus* de l'inscription. Elles ne furent pas poussées bien loin, par insuffisance de fonds ; d'ailleurs, d'autres événemens préoccupaient alors les esprits. Néanmoins on découvrit d'anciens murs de construction romaine, des fragmens de pierres sculptées, entre autres, une tête de cheval en marbre blanc et un autre bloc aussi de marbre, pour quelqu'autre ornement laissé en bossage, qui l'un et l'autre devaient avoir fait partie d'une frise ; on y trouva deux ou trois médailles moyen bronze, mais entièrement frustes. Ces divers objets furent déposés aux archives de la préfecture. Plus tard, la tête de cheval et l'autre pièce de marbre ont été placés au musée de la Société.

Cette découverte annonçait bien l'ancienne existence d'un édifice assez remarquable ; les médailles, qu'on a égarées, ne pouvaient, dans leur état de détérioration, jeter aucun jour sur l'époque de sa construction. Il est à regretter, il est surprenant même que pendant les fouilles aucune trouvaille en ce genre ne soit venue en aide à cet effet, comme l'espérait M. Gamot.

On a bien trouvé, à diverses époques, dans le territoire de ce village, des médailles romaines ; j'en possède cinq dans mon médaillier qui en proviennent, dont je suis redevable à l'obligeance de M. le docteur Valantin, à qui on les avait données sur les lieux, vers la fin de 1818 et au commencement de 1819, savoir, une en moyen bronze de Claude, une *id.* de Domitien, deux en grand bronze et une en moyen bronze de Trajan.

1° *de Claude.*

TI CLAVDIVS CAESAR AVG PM TR P IMP P.P. -- Tête nue de Claude. -- ℟ LIBERTAS AVGVSTA S. C. -- Une femme debout tenant le *pileus* de la main droite.

2° *de Domitien.*

IMP. CAES DOMIT AVG GERM. COS III CENS PER P.P. -- Tête laurée de Domitien. -- ℟ SALVTI AVGVSTI. S. C. -- Un temple.

3° *de Trajan.*

Les deux seules médailles grand bronze sont de Trajan, mais elles sont si frustes qu'on ne peut distinguer au revers de l'une que la partie de la légende OPTIMO PRINCIPI. Le vide qui précède devait être, comme dans la plupart des médailles de cet empereur, S. P. Q. R. -- Dans le champ on voit l'arc de Trajan.

La médaille moyen bronze est d'une parfaite conservation, fleur de coin ; elle porte :

IMP CAES NERVA TRAIAN AVG GERM P M. -- Tête laurée de Trajan. -- ℟ TR POT COS II. -- S. C. -- Une femme voilée, debout devant un autel, sacrifiant.

Si ces pièces avaient été trouvées dans les fouilles du monument, on aurait pu supposer que sa construction remontait au règne de Trajan ; mais les Romains, pendant leur domination dans les Gaules, dont Jules César avait achevé la conquête, quarante-huit ans avant l'ère chrétienne, et qui dura près de cinq cents ans, ont laissé des traces de divers genres de leur occupation ou de leur passage en Gévaudan, qui se rattachent à différentes époques de cette période. Parmi ces traces, j'ai déjà parlé de voies romaines, de colonnes milliaires, d'un camp, de constructions, de vases, de fragmens de poterie, de statuettes, d'objets de toilette, d'instrumens de sacrifice, d'inscriptions et de médailles. Les trouvailles, dans ce dernier genre, ne sont pas rares. On sait que ces pièces étaient employées comme monnaies courantes, et les divers sujets qu'on y faisait graver sont, de nos jours, d'un grand secours pour expliquer des faits historiques. J'aurai occasion d'en citer bon nombre qui ont été découvertes dans plusieurs localités du département, appartenant à différens règnes. Celles de Lanuéjols ne me paraissent pas d'un grand poids pour fixer l'époque de l'érection de son monument.

Ce village offre encore deux fragmens d'inscription provenant de monumens antiques.

On lit sur une pierre qu'on a placée à l'angle du mur d'une maison de construction moderne :

DIVVS IOVIS

et sur un fragment de cippe :

D. M.

HEMEROS

Je ne m'occuperai pas, dans ce moment, de l'explication de cette dernière inscription. La formule D. M. (Diis Manibus) désigne assez que c'est un monument funéraire qui devait, sans doute, faire partie de ceux qu'on croit indiqués par le *circum jacentibus*.

La première inscription devait appartenir à quelque temple ou à quelque autel dédié à Jupiter. Suivant M. Grivaud de la Vincelle, « le culte de Jupiter, père et souverain des dieux, selon la mythologie grecque et romaine, ne pouvait manquer d'être adopté par les Gaulois, lorsqu'ils eurent subi le joug des conquérans du monde; Jupiter eut des temples et des autels dans les villes les plus considérables de la Gaule. On a trouvé des traces de ce culte dans celle de Metz (6) »

M. Millin, dans son Voyage dans les départemens méridionaux (7), cite l'inscription suivante, trouvée à Vienne (Isère):

IOVI
FVLGVRI
FVLMINI

et il observe que les Recueils de *Gruter* et de *Muratori* présentent plusieurs inscriptions dans lesquelles Jupiter a les surnoms de *Fulgurator* et de *Tonans*, mais que ces deux ouvrages n'en offrent pas dans lesquelles il ait ceux de *Fulgur* et de *Fulmen*.

Dans plusieurs médailles en or, argent et bronze, trouvées dans le département de la Lozère, et que je possède dans mon médaillier, Jupiter est représenté sur les revers avec les légendes et les types suivans:

(6) Recueil de monumens antiques, tom. 2, p. 111.

(7) Tom. 2, p. 19.

(AR) VESPASIEN. -- *Jovis custos.* -- Jupiter debout près d'un autel.

(GB) DOMITIEN. -- *Jovi conservatori.* -- Jupiter assis.

(OR) TRAJAN.-- (Jupiter et l'Empereur debout). Trouvée au Bleymard.

(GB) ALEXANDRE SÉVÈRE. -- *Jovi conservatori.* -- Jupiter debout, tenant le foudre et la haste.

(AR) GORDIEN-PIE. -- *Jovis stator.* --Jupiter debout.

(AR) *id.* -- *Jovi statori.* -- *id.*

(GB) *id.* -- *id.* -- Jupiter debout,

(PB) GALLIEN. -- *Jovi conservat.* -- Jupiter debout, tenant la haste de la main droite.

(PB) CLAUDE II LE GOTHIQUE. -- *Jovi victori.* -- Jupiter nu, debout, le *pallium* derrière le dos, tenant son foudre et la haste.

(PB) AURÉLIEN. --*Jovi conser.* -- Jupiter et Aurélien soutenant ensemble un globe.

(PB) CARIN. -- *Jovi victori.* -- Jupiter debout, tenant la haste d'une main et une Victoire sur l'autre; à ses pieds, un aigle.

(PB) DIOCLETIEN. -- *Jovi conservat augg.* -- Jupiter debout, tenant le foudre et la haste.

(PB) MAXIMIEN HERCULE. -- *Jovi conservat. augg.* - *id.*

(PB) GAL.-VAL. MAXIMIEN. -- *id.* - Jupiter debout.

Parmi les auteurs et les artistes qui se sont occupés du monument de Lannéjols, je citerai encore les suivans :

M. Vaysse de Villers, inspecteur des postes et relais, qui visita ce monument, en 1815, en parle dans son itinéraire descriptif, sans rien dire de l'époque de sa fondation, de sa destination, ni de l'inscription. Il se contente de réfuter l'opinion du père L'Ouvreleul, qui l'a mal à propos envisagé comme le tombeau de *Munatius Plancus*, et il ajoute fort ingénument : « Si

» M. L'Ouvreleul eût fait, comme nous, le voyage
» d'Italie, ou qu'il nous eût lu, il saurait que le tom-
» beau de ce général romain est à Gaëte, dans le royau-
» me de Naples. »

Il y avait près de cent ans que le bon Père était mort, lors de la publication de l'ouvrage de M. Vaysse, et certes ce n'était pas sa faute de ne l'avoir pas lu. On aurait pu tout au plus lui reprocher de n'avoir pas consulté *Suétone* et autres auteurs latins qui ont écrit sur ce personnage.

M. le colonel Adolphe de Chesnel en a aussi parlé, d'après les renseignemens que je lui avais fourni, dans son *Voyage dans les Cévennes et la Lozère*. Paris, 1828, vol. in-18, p. 87 et suiv.

Le monument de Lanuéjols a été dessiné par plusieurs artistes, et notamment, en 1813, par M. Bence, pour faire partie du grand ouvrage sur les monumens de la France, publié par M. Alexandre de la Borde ;

En 1828, par M. Jorand, peintre, membre résidant de la Société royale des antiquaires de France, qui voyageait pour une grande entreprise monumentale et pittoresque.

La *France pittoresque*, par M. A. Hugo, en a donné un petit dessin, d'après Bullura.

Après les fouilles de 1816, M. le Ministre de l'intérieur, voulant conserver les vestiges des monumens découverts à Lanuéjols, provoqua, par sa dépêche en date du 3 avril 1817, un projet de poteaux à placer à leurs abords pour prévenir l'application des peines à infliger dans le cas de violation de ces objets de propriété publique.

Conformément au devis dressé par M. l'ingénieur en chef Ancelin, approuvé par M. le Préfet le 5 mai suivant, trois poteaux furent placés :

Le premier sur la voie publique, à la naissance du mur de soutènement parallèle à la façade nord du monument, près du village ;

Le deuxième en aval du mur de soutènement parallèle à la façade dudit monument, et sur le chemin d'accès au pré des Clastres ;

Et le troisième sur la crête du talus établi au sud du monument découvert dans le pré des Clastres.

Chacun de ces poteaux, de 3 mètres 30 centimètres de saillie hors terre, portait en incription l'art. 257 du Code pénal, ainsi conçu :

« Quiconque aura détruit, abattu, mutilé ou dégradé » des monumens, statues et autres objets destinés à l'u- » tilité ou à la décoration publique, et élevés par l'auto- » rité publique ou avec son autorisation, sera puni d'un » emprisonnement d'un mois à deux ans et d'une » amende de cent francs à cinq cents francs. »

Ces mesures de conservation étaient extrêmément sages ; mais le plus redoutable ennemi de ce monument, c'est le ravin, qui depuis lors l'a de nouveau enfoui en partie, et dont on pourrait prévenir les ravages au moyen de quelques travaux peu dispendieux, ainsi que j'avais l'honneur de le proposer à M. le préfet Fleury, dans un rapport du 12 novembre 1837 ; que ce magistrat transmit immédiatement à M. le Ministre de l'intérieur.

J'ai rapporté tout ce qui avait été écrit et fait concernant le monument de Lanuéjols, dont la destination a beaucoup exercé quelques antiquaires et autres personnes qui ont voulu s'en mêler.

D'après les quelques mots déchiffrables de l'inscription, et le goût de l'architecture, je n'hésite pas à partager entièrement l'opinion de la commission de l'Académie des Inscriptions, et je m'estime heureux de pouvoir être d'accord, pour ce monument, avec son honorable et savant rapporteur, M. de Walckenaer.

Lanuéjols, après Javols, paraît être le lieu que les Romains ont le plus affectionné dans le pays des Gabali, si on en juge d'après les vestiges les plus nombreux et les plus remarquables des monumens qu'ils y ont érigé pendant leur occupation. Leurs noms ont la même désinence : *ols*, qui en langue celtique signifie *forêt*. J'ai déjà fait connaître l'étymologie de *Javols*, *Gabalum*, forêt dans un pays élevé ; celui de Lanuéjols est forêt de noyers.

Les noms de deux villages environnans, dans le Valdonnez, paraissent d'origine romaine,

Montialoux, *Mons Julius* (Julii), et Bassi, nom qui se rapporte à celui désigné par l'inscription du monument, et qui aurait pu être donné à une *villa* de cette famille.

Je ne parlerai pas des anciens châteaux qui existent sur le territoire de Lanuéjols, je m'en occuperai dans la description des monumens du moyen âge. Mais, à peu de distance, et dans des villages environnans, tels que Bagnols, Nojaret, Allenc et autres, on a découvert divers objets de la période romaine, et je vais les citer successivement.

BAGNOLS.

Ce village, situé à l'est et à un myriamètre sept kilomètres de Mende, sur la rive gauche du Lot, est renommé par ses eaux thermales, dont la fréquentation remonte à la plus haute antiquité.

Quelques constructions intérieures de ces thermes paraissent avoir été faites par les Romains. Le docteur Michel Baldit, le plus ancien auteur qui ait écri tsur ces bains, compare, dans le passage suivant, leur distribution à celle des Romains :

« Au bas du village de Bagnols sont situez ces bains » regardant le Soleil leuant, lesquels semblent pres- » que me representer vne idée et proportion des qua- » tre parties des bains des anciens Romains, si nous » en exceptons la partie appellée frigidaire. Car le pre- » mier bain qui se presente à nous d'entrée (où l'eau » n'excede pas vne tiedeur mediocre) represente la » partie des bains Romains appellée tepidaire; le se- » cond bain (où l'eau est plus chaude) represente la » partie caldaire; et sans passer au frigidaire, comme » faisoient ces anciens, nous entrons dans nostre troi- » siesme bain encores plus chaud que le second, où » la vapeur de l'eau fort chaude sortant de la source » nous fournit l'estuue et le laconic des anciens. » (8).

M. Bonnel de la Brageresse, fils, docteur médecin à Mende, dans une dissertation sur les eaux thermales de Bagnols, publiée en 1774, rendant compte des réparations faites à cet établissement, en présence de M. son père, qui était alors l'intendant de ces eaux, s'exprime ainsi :

« Nous croyons inutile de faire ici la description des différentes voûtes où coulent les eaux, pour être disposées relativement aux usages où l'on les destine. Il suffira de remarquer que la construction antique de ces voûtes, les fouilles faites en 1764, par l'ordre de M. le comte de Morangiés, qui est seigneur du lieu, la grandeur énorme des pierres qui servent à former les coupoles d'où sortent les eaux, et enfin la nature et la qualité du mastic qui enduit les lieux où doivent passer les eaux avant de parvenir aux voûtes qui sont destinées à divers usages, ne laissent aucun lieu de douter que ces

(8) L'Hydrothermopotie des Nymphes de Bagnols, en Gevaudan. – Lyon 1651. – page 58.

différens réservoirs ne soient très-anciens et n'aient été bâtis par les Romains.

» Cette assertion, qui pourrait paraître hasardée, reçoit une certitude assez grande si on considère que le Gévaudan était un pays très-connu de ces maîtres du monde, puisqu'on trouve auprès d'un village nommé Lanuéjols, qui n'est qu'à une lieue de Bagnols, un monument dont la structure et les ornemens, qui sont encore en assez bon état, malgré le laps de temps, portent la même empreinte de grandeur qui caractérise les monumens que l'on trouve encore à Nîmes et autres divers endroits où les Romains avaient habité (9). »

Voilà les seules autorités donnant une origine romaine à la construction des anciens bains de Bagnols, dont l'étymologie vient de *Balneum*, bain.

NOJARET.

Ce petit village, dépendant de la commune de Badaroux, canton de Mende, est situé sur la rive gauche du Lot, dans un assez joli vallon, quoique retréci, au bas du versant septentrional de la montagne dite *Causse* de Mende, qui le sépare de Lanuéjols, placé lui-même au bas du versant opposé.

Si l'on peut considérer leurs noms comme ayant une origine commune et provenant l'un et l'autre de *nux, nucis*, noyer, qui était l'arbre fruitier dominant de cette contrée, il n'en est pas de même des vestiges qu'ils offrent de l'occupation romaine.

Je n'ai à citer le village de Nojaret, déjà assez célèbre comme lieu de naissance de l'illustre savant CHAPTAL,

---

(9) Dissertation sur les eaux de Bagnols, p. 9 et suiv.

que pour deux modestes trouvailles : 1° celle d'une médaille de Jules César, sans tête, avec le type de l'éléphant. -- *Exergue*. CAESAR. -- ℞ Instrumens de sacrifices ou pontificaux, sans légende ; 2° celle d'un bijou que quelque jeune et belle dame romaine avait dû perdre en passant dans cette localité.

Le 20 juin 1817, le berger du village découvrit, dans une propriété m'appartenant, un anneau en or ayant le chaton garni d'un encadrement en émail blanc, portant, dans un champ creux, de couleur rouge, la devise AMO TE, dont les caractères, aussi en émail blanc, sont parfaitement gravés en relief. La forme de cet anneau, arrondie et assez mince dans la partie inférieure, devient plus grosse de chaque côté jusqu'au chaton, et est aplatie dans la partie supérieure. Cette forme et cette devise ne laissent aucun doute que cet anneau ne soit d'origine romaine et de l'espèce de ceux que le fiancé donnait à sa future épouse pour gage de sa foi. Du temps de Pline, ces anneaux, qu'on nommait *annuli sponsalitii*, *geniales*, *pronubi*, *nuptiales*, étaient de fer ; depuis ils furent d'or. On sait que dans la suite on ne les donna plus que le jour même des épousailles, et que cette coutume est venue jusqu'à nous.

ALLENC.

Ce village, à un myriamètre six kilomètres de Mende, situé au-dessous de la plaine de Montbel, que la tradition fait dériver de *Montis belli*, à raison de quelque bataille qui aurait eu lieu sur ce plateau du Gévaudan, possède des mines de plomb sulfuré (alquifoux), qu'on emploie pour former le vernis des poteries, et qu'on dit avoir été exploitées par les Romains.

Diverses trouvailles assez considérables en médailles attestent du moins leur séjour ou leur passage dans cette localité. J'en citerai deux qui sont parvenues à ma connaissance.

La première date du 3 juillet 1820 ; elle se composait de huit pièces, dont je fus redevable à l'obligeance de M. l'abbé Martin, alors vicaire à Allenc, actuellement curé desservant à Naussac. Voici les types de ces médailles :

1° *D'Auguste* (MB).

DIVVS AVGVSTVS PATER. -- Tête nue d'Auguste.

℟. PROVIDENTIA S. C. -- Autel.

2° *De Vespasien* (MB).

IMP. CAES VESPASIANVS COS. VIII P.P. -- Tête laurée de Vespasien.

℟. FORTVNAE REDVCI S. C. -- La Fortune debout.

3° *De Trajan* (GB).

Cette médaille était presque fruste.

4° *D'Hadrien* (GB).

IMP. HADRIANVS AVG. COS. III P. P. -- Tête laurée d'Hadrien.

℟. (Légende fruste). Femme debout tenant la haste. Autre médaille du même empereur presque fruste.

5° *De Philippe Senior* (GB).

IMP. M. IVL. PHILIPPVS AVG. -- Tête laurée de Philippe.

℟. FIDES MILITVM S. C. -- Femme debout, tenant une enseigne militaire et une corne d'abondance.

6° *De la colonie de Nismes* (MB).

Deux médailles de cette colonie, de moyenne conservation.

La deuxième eut lieu vers le milieu du mois de février 1835. Un cultivateur d'un village de la commune d'Allenc, en défonçant un tertre, brisa avec la pioche un petit vase en terre contenant un assez bon nombre de pièces de monnaie en argent. J'achetai toutes celles qui me furent présentées ; en voici les types :

Médailles consulaires ou familles romaines.

ACILIA.

Salvtis. Tête laurée de femme.

℞. III VAL. EV. MV. ACILIVS.-- Un génie debout appuyé sur une colonne.

AELIA et ALLIA.

Tête de Pallas ; derrière, X.

℞. Γ. ΓAETVS ROMA. -- Dioscures à cheval.

AEMILIA.

Tête diadémée de femme.

℞. M. LEPIDVS. -- Lépidus à cheval.

AFRANIA.

Tête de Pallas ; derrière, X.

℞. S. AFRA. -- Victoire dans un bige ; dessous, ROMA.

ALEXANDRIA.

M. SCAVR. AED. CVR. EX. S. C. -- Au bas : REX ARETAS. -- Le roi Aretas à genoux, tenant de la main gauche les rênes d'un chameau, et de la droite une branche d'olivier.

℞. PHVRSAE. AED. CUR. CURSAE COS. -- Un quadrige.

ANTONIA.

LEG. III. -- Aigle entre deux enseignes militaires.

℞. ANT. AVG. III VIR. R. P. C. -- Galère.

Id. -- LEG. VIII. -- Aigle, etc. Mêmes types.

Id. -- LEG. XII. -- Aigle, etc. Mêmes types.

Idem, avec le revers seulement et incuse de l'autre côté.

AQVILLIA.

VIRTVS III VIR. -- Tête imberbe casquée.

℞. MAN. AQVIL. MAN. F. MAN. -- Soldat debout, armé d'un bouclier, relevant une femme à genoux, dessous : SICIL.

AVFIDIA.

GIAC. -- Tête ailée de Pallas.

℞. L. AVES. -- Jupiter dans un quadrige.

BAEBIA.

TAMPIL. -- Tête ailée de Pallas ; devant, X.

℞. M. BAEBI. Q. F. ROMA. -- Appollon dans un quadrige.

CAECILIA.

Tête de femme ; devant, une cigogne.

℞. Q. C. M. P. I. -- Eléphant.

Tête laurée et barbue, une longue chevelure.

℞. R. L. SCIP. ASIAC. -- Jupiter dans un quadrige.

Tête à longue chevelure ; devant, X ; derrière, ROMA.

℞. METELLVS Q. F. M. -- Un bouclier dans une couronne de laurier.

CALIDIA.

Tête de Pallas ; à côté, ROMA.

℞. CAFO. M. CAL. Q. M. -- Figure dans un bige.

CALPVRNIA.

Tête imberbe à longue chevelure ; derrière, M.

℞. C. PISO. L. FRVGI. -- Cheval au galop, monté d'un cavalier.

Tête *id.*, tournée à gauche · derrière, C.

℞. C. PISO. L. F. FRVGI. -- Même type.

CARISIA.

MONETA. -- Tête de femme. IV

℞. T. CARISIVS. -- Instrumens du monnoyage, le tout dans une couronne de laurier.

Tête ailée de Pallas.

℞. M. CARI ; dessous, ROMA.--Jupiter dans un quadrige

CASSIA.

Tête de femme.

℞. L. CASSI. Q. F. -- Tête jenne, avec une longue chevelure.

Tête ailée de Pallas ; derrière, X.

℞. C. CASSI. ROMA. -- Figure dans un quadrige.

CIPIA.

M. CIPI. M. F. -- Tête ailée de Pallas ; derrière, X.

℞. Victoire dans un bige ; dessous, un gouvernail et ROMA.

CLAVDIA.

Tête laurée d'une femme ; derrière, une lyre.

℞. P. CLODIVS M. F. -- Diane debout, tenant dans chaque main un flambeau.

S. C. -- Tête de femme diadémée.

℞. A. XX. TI. CLAVD. -- Victoire dans un bige (médaille crénelée).

CLOVLIA.

Tête ailée de Pallas ; derrière, une couronne ; dessous, ROMA.

℞. CLOVLI. -- La Victoire dans un bige.

CONSIDIA.

C. CONSIDI. NONIANI. S. C. -- Tête de Vénus.

℞. Temple sur le sommet d'une montagne entourée de murailles ; sur le fronton du temple on lit ERVC.

CORDIA.

RVFVS III VIR. -- Têtes des Dioscures.

℞. MAN. CORDIVS. -- Femme debout, avec une chouette sur l'épaule, tenant une balance et la haste.

RVFVS. -- Chouette sur un casque.

℞. MAN. CORDIVS. -- Ægide.

CORNELIA.

ANCVS. -- Tête diadémée; derrière, le *lituus*.

℞. C. M. LVPPVS. -- Un cavalier passant sur un pont, entre les arches, AQVAR.

Tête ailée de Pallas; derrière X.

℞. P. SVLA; dessous, ROMA. -- Victoire dans un bige.

COSSVTIA.

SABVLA. -- Tête de femme.

℞. COSSVTIAE. -- La Victoire dans un bige, à côté, XXIII.

CVRTIA.

Tête de Pallas.

℞. Jupiter dans un quadrige.

FLAMINIA.

III VIR. PRI, FL. -- Tête de Vénus.

℞. L. FLAMIN. CHILO. -- Victoire dans un bige.

FONTEIA.

P. FONTEIVS. P. F. CAPITO III VIR. -- Tête casquée de Mars; derrière, un trophée.

℞. MAN. FONT. TR. MIL. -- Cavalier en course, foulant aux pieds deux ennemis.

FVNDANIA.

Tête ailée de Pallas; derrière, N.

℞. C. FVNDAN. -- Jupiter dans un quadrige.

FVRIA.

AED. CVR. -- Tête tourrelée de femme ; derrière, un pied humain.

℞. FOVRIVS CRASSIPES. -- Chaise curule.

HOSTILIA.

La Pâleur ; derrière, le *lituus* militaire.

℞. SASERNA, L. HOSTILIVS. -- Diane avec couronne radiée et un vêtement à plis droits ; sa main droite tient un cerf par les cornes, et la gauche une haste.

La Frayeur.

℞. Même type que la précédente.

JVLIA.

Tête jeune ailée ; derrière, un trident et un scorpion.

℞. Q. E. JVLI. BVRSIO. --Victoire tenant une couronne, dans un quadrige.

JVNIA.

Tête ailée de Pallas ; derrière, F.

℞. D. SILANVS. L. F. -- Victoire dans un bige tenant un fouet et une palme, dessous, ROMA.

Tête ailée de Pallas ; derrière, N.

℞. Même type.

Tête ailée de Pallas ; derrière, T.

℞. Même type, et par dessus la Victoire, XXVI.

LICINIA.

Buste diadémé d'un jeune homme.

℞. C. LICINIVS C. F. MACER. -- Pallas dans un quadrige frappant de sa haste.

NERVA FIDES. — Tête laurée de la Fidélité.

℞. III VIR. A. LICIN. -- Homme à cheval, vêtu du *paludamentum*.

LIVINEIA.

Sans légende. Tête jeune.

℞. LIVINEIVS REGVLVS. -- Chaise curule entre six faisceaux.

REGVLVS PR. -- Tête virile nue et imberbe.

℞. Comme dessus.

Sans légende. Tête jeune.

℞. L. REGVLVS. -- Deux lutteurs.

LVCILIA.

Tête de Pallas.

℞. M. LVCILI. -- Victoire dans un bige.

LVCRETIA.

VIIII. -- Tête laurée et barbue ; derrière, un trident.

℞. L. LVCRETI TRIO. -- Génie aîlé sur un dauphin.

LVTATIA.

Deux têtes.

℞. C. CERCO. -- Victoire dans un bige.

MARCIA.

Tête ailée de Pallas.

℞. T. MARC. L. R. -- Victoire dans un trige.

MVSSIDIA.

Tête radiée.

℞. L. MVSSIDIVS LONGVS. -- Deux figures debout.

NAEVIA.

Tête de femme ; derrière, S. C.

℞. C. XXV. C. NAE. BAB. -- Victoire dans un trige.

NASIDIA.

NEPTVNI. -- Tête nue de Sextus Pompée ; devant un trident.

℞. Q. NASIDII. -- Galère à la voile et une étoile.

NONIA.

SVFENAS. S. C. Tête de Saturne ; derrière, la *harpa* et un autre symbole inconnu.

℞. SEX. NONI. PR. L. V. P. F. -- Femme assise sur des boücliers, tenant une haste et une petite épée ; derrière, la Victoire la couronne.

NVMITORIA.

LIBERTAS. -- Tête de femme diadémée.

℞. Q. NVMITVS. -- Pont et table dessus.

PAPIA.

Sans légende -- Tête de Junon *Sospita*.

℞. L. PAPI. -- Un griffon ailé ; dessous un globe.

PINARIA.

Tête de Pallas ailée ; derrière, X.

℞. NATTA. -- ROMA. -- La Victoire dans un bige.

PLAVTIA ou PLVTIA.

A. PLAVTIVS. AED. CVR. S. C. -- Tête tourrelée de femme.

℞. BACCHIVS IVDAEVS. -- Bacchius à genoux, tenant un chameau par le frein, et présentant une branche d'olivier.

L. PLAVTIVS. -- Un masque à tête de femme, dont les cheveux sont formés de serpens, de même que celle de Méduse.

℞. PLANCVS. -- L'Aurore conduisant les coursiers du Soleil.

POBLICIA.

P. Tête casquée ; derrière, ROMA.

℞. C. POBLICI. -- Hercule domptant le lion de Némée.

POMPEIA.

Tête ailée de Pallas ; devant, X ; derrière, un vase.

℞. SEX. POM. FOSTVLVS. -- Romulus et Remus, allaités par une louve, à l'ombre d'un figuier ; trois pies reposent sur ses branches, et le berger Faustulus contemple ce groupe. -- Dessous, ROMA.

POMPONIA.

Tête laurée de femme.

℞. Q. POMPONI MVSA. -- Une des neuf muses debout, avec ses attributs.

PORCIA.

P. LAECA. -- Tête ailée de Pallas.

℞. La Victoire dans un quadrige. -- ROMA.

PROCILIA.

Tête laurée de Junon, couverte d'une peau de chèvre ; derrière, S. C.

℞. L. PROCILI. F. -- Junon *Sospita* dans un bige, frappant de la haste de la main droite, et la gauche armée d'un bouclier ; dessous, un serpent. (*Médaille dentelée.*)

ROSCIA.

ROSCI. -- Tête de Junon, couverte d'une peau de chèvre ; derrière, une lyre.

℞. FAB. AV. -- Une femme debout, donnant à manger à un serpent qui se dresse devant elle ; derrière, un signe. (*Médaille dentelée.*)

RVBRIA.

Tête de Junon.

℞. L. RVBRI. -- Quadrige surmonté d'un temple.

RVTILIA.

FLAC. Tête ailée de Pallas.

℞. L. RVTILI. -- La Victoire sur un bige, tenant une couronne.

SATRIENVS. (*)

NXXXXAT. -- Tête casquée.

℞. SATRIEN. -- Louve; dessus, ROMA.

SCRIBONIA.

BON. EVENT. LIBO. --Tête de femme.

℞. PVTEAL. SCRIBON. -- Autel auquel sont attachées deux lyres et une guirlande de fleurs.

SENTIA.

Tête ailée de Pallas.

℞. L. SENTI. C. F. -- Quadrige; la lettre S au-dessus.

Tête ailée de Pallas.

℞. L. SATVRNI. -- Quadrige; devant, la lettre Σ.

SERVILIA.

Tête ailée de Pallas; derrière, X et une couronne; dessous, ROMA.

℞. C. SERVEIL. M. F. -- Castor et Pollux à cheval, allant en sens contraire.

Tête ailée de Pallas; devant, X; derrière, le *lituus*; dessous, ROMA.

℞. C. SERVEIL. -- Cheval au galop.

FLORA PRIMVS. -- Tête de la déesse Flora; derrière, le *lituus*.

C. SERVEIL. -- Deux guerriers en présence, armés de boucliers et l'épée nue à la main.

(*) Surnom; on ne connait point le nom de famille.

TITINIA.

C. TITINI. -- Tête casquée.

℞. Quadrige.

TITVRIA.

SABIN. -- Tête virile et barbue.

℞. L. TITVRI. -- Deux soldats romains armés de boucliers, debout ; et Tarpeïa assise sur un amas de boucliers ; dessus, une étoile.

SABIN. A. PV. -- Tête virile et barbue.

℞. L. TITVRI. -- Deux soldats romains enlevant des Sabines.

VIBIA.

PANSA. -- Tête laurée de femme.

℞. C. VIBIVS. C. F. Pallas dans un quadrige.

PANSA. -- Tête laurée ; devant, une lyre.

℞. Même type.

VOLTEIA.

Tête de Jupiter.

℞. M. VOLTEI. M. F. -- Temple tétrastyle.

Médailles impériales romaines.

CNAEVS POMPEIVS (MAGNVS).

MAG. PIVS. IMP. ITER. -- Tête nue de Pompée, entre le *lituus* et le *praefericulum.*

℞. PRAEF. CLAS. ET. ORAE. MARIT. EX. S. C. -- Anapius et Amphinomus.

CAIVS IVLIVS CAESAR.

CAESAR DICT. PERPETVO. -- Tête laurée de César.

℞. L. BVCA. -- Un globe, deux mains jointes, un caducée, etc.

Tête de femme.

℞. CAESAR. -- Enée portant Anchise.

Sans tête. -- CAESAR, l'éléphant.

℞. Instrumens pontificaux.

MARCVS ANTONIVS.

M. ANT. IMP. AVG. III. VIR. R. P. C. M. B. ARBAT. Q. P.-- Tête nue de Marc-Antoine. (Une pareille avait été trouvée à la plaine de Montbel, en 1807.)

℞. CAESAR. IMP. PONT. III VIR. R. P. C. -- Tête nue d'Octave.

M. ANTONIVS. III VIR. R. P. C. -- Tête radiée.

℞. Sans légende ; tête nue de Marc-Antoine ; derrière, le *lituus*.

AVGVSTVS.

Sans légende. -- Tête laurée d'Auguste.

℞. IMP. CAESAR. -- Colonne rostrale, avec la statue d'Auguste.

DIVI. F. III VIR. R. P. C. -- Tête nue d'Auguste.

℞. COS. ITER. ET. TER. DESIG. -- Instrumens à sacrifice.

COS. TER. DICT. ITER. -- Tête de femme.

℞. CVR. M. PONT. M. -- Instrumens à sacrifice.

Je n'ai donné ici que le type des médailles trouvées à Allenc, que j'ai pu expliquer ; il en est encore quelques unes qui m'ont paru incertaines ou à déterminer.

Quelques autres localités ont offert des trouvailles en médailles romaines de tous les métaux ; quoique je n'aie pas l'intention de les faire connaître dans ce moment, les bornes de ma notice s'y opposant, néanmoins, je crois devoir citer celles où il en a été découvert en or, et quelques unes en argent les plus remarquables ; les voici :

Médailles en or.

BLEYMARD.

Cette commune, chef-lieu de canton, à deux myriamètres quatre kilomètres de Mende, est située au pied de la montagne de la Lozère et près de la source du Lot.

Deux médailles en or y furent trouvées en 1814; en voici les types, que *Mionnet* classe parmi les revers rares :

1° *De Trajan* (module ordinaire).

IMP. TRAIANO AVG. GER. DAC. P. M. TR. P. COS. V. P. P. -- Tête laurée de Trajan.

℞. S. P. Q. R. OPTIMO PRINCIPI. -- Jupiter et l'Empereur debout; au milieu, une femme à genoux.

2° *De Valentinien III* (quinaire).

D. N. PLA. VALENTINIANVS P. F. AVG. -- Buste de Valentinien.

℞. Sans légende. -- Croix dans une couronne de laurier; à l'exergue, CONOB.

SAINT-PAUL-LE-FROID.

Ce village, à quatre myriamètres cinq kilomètres de Mende, est situé dans la partie des montagnes de cet arrondissement, et à proximité de la voie romaine d'Agrippa, dont il a été déjà parlé.

En 1827, la charrue mit à découvert, dans un sillon, une médaille en or de Tibère.

TI. CAESAR DIVI AVG. F. AVGVSTVS. -- Tête laurée de Tibère.

℞. PONTIF. MAXIM. -- Femme assise, tenant de la main droite la haste et de la gauche une branche d'olivier.

CHANAC.

Ce bourg est situé dans un joli vallon, sur la rive gauche du Lot, à un myriamètre huit kilomètres de Mende.

Au village de Marijoulet, qui en dépend, des enfans, en arrachant des pommes de terre, trouvèrent, en 1836, une médaille en or de Gratien.

D. N. GRATIANVS P. F. AVG. -- Buste et tête diadémée de Gratien.

℞. VICTORIA AVGG. -- Gratien et Valentinien le jeune assis, soutenant un globe, et couronnés par la Victoire; à l'exergue, SIROB.

On a trouvé, dans deux autres villages des environs de Chanac, deux médailles en or, l'une d'Honorius et l'autre d'Anastase, la première en 1816 et la seconde en 1820.

D. N. HONORIVS P. F. AVG. -- Buste et tête diadémée d'Honorius.

℞. VICTORIA AVGGG. -- L'Empereur debout, foulant aux pieds un captif, tenant de la main droite le *labarum*, et de la gauche la Victoire; dans le champ, R. V.; à l'exergue, COMOB.

D. N. ANASTASIVS. P. F. AV. -- Buste et tête diadémée d'Anastase.

℞. VICTORIA. AVGVSTORVM. -- La Victoire passant, tenant de la main droite une couronne; à l'exergue, COMOB. (Quinaire.)

Médailles en argent.

Il faut ajouter aux médailles de Constantin-le-Grand et de Gallien, dont il a été fait mention à l'article de *Mende*, dans la précédente partie de la période romaine (8), une autre médaille de Gallien et une de Postume *Senior*.

1° *De Gallien.*

IMP. GALLIENVS. P. AVG. -- Tête radiée de Gallien.

℞. IOVI VICTORI. -- Jupiter debout sur un autel, portant les mots IMP. . . . . VS.

2° *De Postume.*

IMP. C. POSTVMVS. P. F. AVG. --Tête radiée de Postume.

℞. HERCVLI PACIFERO. -- Hercule debout, tenant un rameau d'olivier de la main droite et la massue de la gauche. (Médaille de billon, saucée, trouvée dans un champ de la Maladrerie, près Mende, en 1834.)

LANGOGNE.

En parlant du camp de Langogne (9), j'ai dit qu'on avait trouvé sur le plateau qu'il occupait, ou dans les environs, des médailles romaines ; les deux suivantes proviennent de cette localité.

1° *De Claude.*

CLAVD. CAESAR. AVG. GERM. IMP. P. P. -- Tête laurée de Claude.

℞. CONSTANTIAE AVGVSTI. -- Femme assise.

2° *De Galba.*

IMP. GALBA. -- Tête laurée de Galba.

℞. S. P. Q. R. OB. C. S. dans une couronne (10).

---

(8) Mém. de la Soc., tom. 12 (1840-1841), p. 176.

(9) *Idem*, p. 177.

(10) Cette médaille avait été percée dans le haut et appendait au chapelet d'une vieille demoiselle, qui s'empressa de l'en tirer et de me la donner, dès que je lui eus fait observer qu'elle adressait ses prières à un païen de l'antiquité, qui n'était rien moins que saint.

BALSIÉGES.

On découvrit, en 1816, au haut de la côte du Choisal, la médaille suivante, d'Auguste, d'une parfaite conservation.

Sans légende. -- Tête nue d'Auguste.

℞. AVGVSTVS. -- Capricorne, au-dessus, une femme dans les airs, avec une draperie enflée par le vent.

SAINTE-ENIMIE

Je dois à l'obligeance de mon ancien et vénérable ami M. le chanoine Duprat, la médaille suivante d'Otacilia, femme de l'empereur Philippe *Senior*, et plusieurs autres en bronze, trouvées à Sainte-Enimie, en 1820, pendant qu'il y était curé.

M. OTACIL. SEVERA. AVG. -- Tête d'Otacilia.

℞. CONCORDIA AVGG. -- La Concorde assise.

Cette princesse, déclarée auguste, avait embrassé la religion chrétienne, et par sa protection, les chrétiens respirèrent en paix sous le règne de Philippe.

Les pièces suivantes ont été trouvées dans diverses localités du département, dont on n'a pu m'indiquer le nom :

1° *D'Auguste.*

CAESAR AVGVSTVS. DIVI. F. PATER PATRIAE. -- Tête laurée d'Auguste.

℞. C. L. CAESARES AVGVSTI F. COS. DESIG. PRIN. IVVENT. -- Caïus et Lucius debout ; deux boucliers et les instrumens pontificaux.

2° *De Vespasien.*

DIVVS AVGVSTVS VESPASIANVS. -- Tête laurée de Vespasien.

℞. EX. S. C. -- Colonne avec un vase et un bouclier entre deux oliviers.

IMP. CAES. VESP. AVG. P. M. COS. IIII. -- Tête laurée de Vespasien.

℞. VESTA. -- Figure debout.

3° *De Trajan.*

IMP. CAES. NER. TRAIAN OPTIM. AVG. GERM. DAC. -- Tête laurée de Trajan.

℞. PARTHICO. P. M. TR. P. COS. VI. P. P. S. P. Q. R. -- Le Soleil debout, tenant une corne d'abondance.

IMP. TRAIANO. NER. AVG. . . . . . -- Tête laurée de Trajan.

℞. VIA. TRAIANA, S. P. Q. R. OPTIMO PRINCIPI. -- Femme assise ; à terre, une roue.

4° *D'Antonin-le-Pieux.*

ANTONINVS AVG. PIVS. -- Tête d'Antonin.

℞. ANNONA AVG. -- *Modius* rempli d'épis.

ANTONINVS AVG. PIVS. P. P. TR. P. XIIII. -- Tête laurée d'Antonin.

℞. COS. IIII. -- Figure debout, tenant une couronne.

5° *De Marc-Aurèle.*

AVRELIVS CAES. AVG. PII. F. -- Tête nue de Marc-Aurèle.

℞. TR. POT. XIIII. COS. II. -- Guerrier debout, portant un bouclier et la haste.

6° *D'Alexandre-Sévère.*

IMP. ALEXAND. AVG. --Tête laurée d'Alexandre-Sévère.

℞. ABVNDANTIA AVG. -- Femme debout.

7° *De Gordien-Pie.*

IMP. GORDIANVS. PIVS. FEL. AVG. -- Tête radiée de Gordien-Pie.

℞. VIRTVTI AVGVSTI. -- Hercule-Farnèse debout. (Cette médaille m'a été donnée par M. le docteur Coste, de Langogne.)

8° *De Trajan-Dèce.*

IMP. C. M. Q. TRAIANVS. DECIVS. AVG. -- Tête radiée de Trajan-Dèce.

℞. ADVENTVS AVG. -- L'Empereur à cheval.

9° *De Salonina.*

SALONINA. AVG. -- Buste de Salonina, femme de Galien.

℞. VENVS FELIX. -- Vénus assise.

10° *De Maximin Daza.*

IMP. C. GAL. VAL. MAXIMINVS. P. F. AVG. -- Tête laurée de Maximin Daza.

℞. GENIO. AVGVSTI. -- Génie nu, debout, le *modius* sur la tête, portant sur la main droite une tête de Sérapis, et tenant de la gauche une corne d'abondance. Dans le champ, X. S.; à l'exergue, ALE.

11° *De Crispus.*

CRISPVS. NOB. CAES. -- Buste et tête laurée de Crispus, fils de Constantin-le-Grand.

℞. PRINCIPI. A. IVVENTVTIS. -- Crispus debout, vêtu du *paludamentum*, tenant la haste de la main droite et un bouclier de la gauche; à l'exergue, A. Q. T.

IVL. CRISPVS. NOB. CAES. -- Buste et tête laurée de Crispus.

℞. *Idem*; à l'exergue, S. T.

Je termine ici la partie numismatique; j'observerai seulement, dans l'intérêt historique de nos localités, qu'il est à regretter que la plupart des trouvailles en ce genre sortent du département, sans les avoir constatées, ou soient mises au creuset par les orfèvres.

POTERIE ROMAINE.

Parmi les traces que les Romains nous ont laissées de leur séjour ou de leur passage dans ce pays, l'ancien *Pagus gabalicus*, je dois citer les pièces entières et fragmens de poterie antique que l'on a trouvés sur divers points de son territoire.

On sait que plusieurs savans archéologues s'occupent d'une manière spéciale de l'étude des poteries anciennes, sous le rapport de leur matière, de leur forme, de leurs ornemens, et des inscriptions que la plupart portent.

J'ai déjà traité, en partie, ce sujet en parlant des découvertes faites à Javols (11). Les ateliers de potiers étaient assez nombreux dans le pays des *Gabali*. Des fouilles faites à la Canourgue, à Banassac, à-Saint-Germain-du-Teil, à Sainte Colombe-de-Peyre, à Termes et à Grandrieu en ont constaté l'existence. Je vais citer quelques uns des objets qui y ont été découverts :

1° *A la Canourgue.*

En défonçant un champ appartenant à M. Dou, fils, négociant, on trouva une grande quantité de fragmens et quelques pièces entières de poterie, en général de couleur rouge. Les pièces entières étaient des petits vases, des coupes; la plupart avaient des ornemens de bon goût représentant divers sujets mythologiques ou fantastiques. Parmi les fragmens, quelques uns appartenaient à des moules sur lesquels on avait gravé en creux les sujets à exécuter. Le propriétaire me donna une partie de cette trouvaille, entre autres, deux vases, deux coupes et un fragment de moule. L'un des vases

(11) Mém. de la Soc, tom. 12 (1840-1841). p 156, 169.

porte intérieurement, dans la partie inférieure, le mot RVFINVS, apparemment le nom du *figulus*, c'est-à-dire du potier, de l'ouvrier.

2° *A Banassac.*

Dans cette petite commune, peu distante de la Canourgue, un défoncement fait pour la plantation d'arbres, dans une propriété de M. Monestier, notaire, mit à découvert un nombre considérable de fragmens de poterie rouge comme ceux de la Canourgue, et avec des ornemens variés ; ils représentent des sujets mythologiques, des quadrupèdes, des oiseaux, des plantes, etc. Quelques uns ont été donnés au musée de la Société, par M. Laurans, agent-voyer en chef du département.

3° *A Saint-Germain-du-Teil.*

Au mois de juillet 1830, quatre pièces de poterie romaine furent trouvées dans la commune de Saint Germain, sur le penchant d'un ravin ; elles avaient été mises à découvert par un éboulement. Ce sont : une coupe avec des ornemens en relief, un peu dégradés par le temps et le frottement, une petite soucoupe en terre rouge, et deux vases, dont un à anse et à goulot étroit, en terre grise. M. Dufraisse, chevalier de Saint-Louis, qui était dans ce moment à sa campagne, me les adressa. Cette poterie, pour les formes et les couleurs, est semblable aux trouvailles faites à la Canourgue et à Banassac, et paraît être d'une fabrication contemporaine.

4° *A Sainte-Colombe-de-Peyre.*

Diverses pièces de poterie ont été trouvées dans ce village, peu éloigné de Javols. Je suis redevable à l'obligeance de M. le chanoine Bessière et de M. son neveu, greffier de la justice de paix du canton d'Aumont, de quelques unes de ces pièces, parmi lesquelles se trouvait un petit vase de verre blanc. Je citerai particulièrement un vase d'une forme curieuse. Il est d'une pâte fine et légère, d'un vernis rouge-brun, comprimé six fois dans le pourtour du ventre, comme ceux trouvés en 1820, sur le monticule de *Mouchette*, au territoire de Joigny (12), avec cette différence que le pied de celui que je possède est suffisant pour qu'il puisse se tenir debout et être employé à table. Les six enfoncemens semblent avoir été pratiqués pour remplacer les anses, afin qu'il ne glissât pas de la main.

5° *A Termes.*

On a découvert dans cette commune plusieurs pièces ou fragmens de poterie, suivant le rapport de M. Chauvet, maire d'Arzenc-d'Apcher, qui m'a donné un masque de statuette qu'on y avait trouvé.

6° *A Grandrieu.*

Ce bourg, auprès duquel passait la voie romaine qui conduisait de Lyon à Toulouse, à peu près sur les confins du pays des Gabales et les limites de celui des Velaunes, a offert un grand nombre de débris de poterie antique. Parmi ceux que je possède, je citerai un fragment, peu ordinaire, qui offre sur un fond jaune un dessin rouge, et un vase avec anse, d'une jolie forme, d'une pâte assez fine et d'un vernis brun très foncé, trouvé en 1828, dans une propriété de M. Laporte-Belviala.

(12) Mém. de la Soc. royale des Ant. de France, tom. 7, p. 276.

CIPPE

DE SAINT-LAURENT-DE-TRÈVES.

Ce petit village, l'un des moins populeux du département de la Lozère, est placé à mi-côte sur la route royale n° 107 de Nismes à St-Flour, et sur le versant septentrional du plateau dit la *Camp-de-l'Hospitalet.*

Au mois de septembre 1802, M. Louis Bancilhon, notaire, faisant des fouilles pour extraire des matériaux, découvrit, suivant sa relation, une pierre de taille blanche, en forme de *piédestal*, de 50 centimètres de hauteur sur 28 de largeur au dé, et 32 centimètres aux corniches, portant sur l'une de ses faces l'inscription suivante, que je donne, avec les véritables dimensions du cippe :

Il fut trouvé au même endroit une table de marbre blanc statuaire de 68 centimètres en carré, sur un décimètre d'épaisseur.

Cette découverte donna lieu à deux dissertations : l'une de M. Broussous, secrétaire-général de la préfecture, insérée dans le *Journal de la Lozère* (n° 226) du 5 mai 1806; et l'autre de M. Bancilhon, imprimée à Nismes en 1819. L'une et l'autre ayant pour objet d'établir que *Trévidon*, maison de campagne de *Tonance Féréol*, préfet des Gaules au cinquième siècle, était à St-Laurent-de-Trèves, en appliquant aux localités environnantes l'itinéraire que Sidoine Apollinaire a tracé dans son petit poëme intitulé : *Propempticon ad libellum*.

Je n'ai pas à m'occuper ici de cette opinion, qui d'ailleurs ne me paraît pas dénuée de fondement.

Ces Messieurs, peu versés dans la connaissance des monumens antiques, et qui l'un et l'autre avaient désigné ce *cippe* sous le nom de *piédestal*, me témoignèrent le désir de consulter quelque savant antiquaire, et je m'empressai d'adresser un exemplaire de mon Journal à M. Millin, qui me fit la réponse suivante :

« Paris, le 19 mai 1806.

» Monsieur,

» Je viens de recevoir le numéro 226 du *Journal de la Lozère* que vous avez eu la bonté de m'adresser. M. Broussous m'y paraît prouver, aussi bien qu'on le peut faire, que la demeure de Féréol était à Saint-Laurent-de-Trèves. Quant à l'inscription, elle ne peut jeter aucun jour sur cette question. Vous désireriez en avoir une explication, et vous me demandez de la faire connaître par la voie de votre Journal. Je désire assurément répondre à votre confiance et à votre politesse ; cependant je ne puis le faire que vous ne m'ayez satisfait sur quelques points importans.

» L'inscription, est, dites-vous, sur un piédestal ; c'est probablement un simple cippe, en forme de petit autel, comme sont la pluspart des inscriptions tumulaires, car je ne pense pas qu'il ait été destiné à supporter une figure, soit buste, soit statue. C'est de quoi sa dimension peut faire juger ; et vous l'avez donnée.

» Je ne pense pas que l'inscription soit entière : la partie supérieure est probablement fruste ou fragmentée et peut-être entièrement brisée.

» Je soupçonne aussi qu'elle n'a pas été bien lue. Vous voyez que, sans être éclairci sur ces points, on n'en peut essayer l'explication.

» Voici ce qui me fait supposer qu'elle n'a pas été bien lue ; c'est la forme de la lettre K. C'est évidemment la lettre L ; et on ne la trouve jamais formée de cette manière (13). Ce qui prouve que c'est la lettre L, c'est son emploi dans la cinquième et dernière ligne V. S. K. M. qui n'exprime autre chose que cette formule si connue à la fin des inscriptions tumulaires V. S. L. M, c'est-à dire *Votum Solvit Lubens Merito*.

» La valeur de la lettre K étant donnée, il est évident que c'est la même que nous voyons à la seconde ligne : VKKO, d'où il résulte que c'est la fin du mot précédent, et qu'il faut lire : M. TRITVLLO.

» Comme ce vœu ne peut avoir été adressé à M. Tritullus, je présume qu'il y a ou qu'il y avait D. M. *Diis Manibus*. Alors ce vœu est adressé aux mânes de Marcus Tritullus.

» Le nom de la personne qui a fait faire ce cippe est sûrement, selon l'usage, avant la formule V. S. L. M ; mais ici est la difficulté. Je crois que ces noms devraient être relus. Je ne pense pas qu'il y ait à la troisième ligne

---

(13) J'ai déjà cité une lettre semblable dans un cippe de Javols. (Mém. de la Soc., tom. 12 (1840-1841), p. 153.

CONS., car il ne peut y avoir ici d'indication de consul, ce ne peut être que le prénom de celui qui a fait faire l'inscription. Peut-être aura-t-on lu précipitamment CONS, parce que ce sens se présente plus facilement à l'esprit. N'y aurait-il pas COSS ? Alors ce serait *Cossutius*. Ce serait donc Cossutius Acrausius qui aurait accompli ce vœu volontairement et à juste titre aux mânes de M. Tritullus.

» Je ne sais, Monsieur, si mon explication vous paraîtra satisfaisante. Je vous la donne pour ce qu'elle vaut ; mais vous voyez que vous n'en pouvez faire usage qu'après avoir vérifié vous-même, et seulement dans le cas où mes corrections seraient fondées. Du reste, la forme de la lettre K serait telle qu'elle est figurée, cela ne changerait rien au sens de l'inscription, car ce serait toujours une L.

» Si vous voulez me mettre à portée de juger moi-même, la chose est très-facile. Il faut bien laver l'inscription, prendre du papier d'imprimerie non collé, le tremper, frotter l'inscription avec du noir d'imprimerie au moyen de tampons, et étendre le papier dessus avec la main. Vous en aurez ainsi l'empreinte la plus fidèle, que vous pourrez m'envoyer.

» Je désirerais voir la copie figurée que vous avez publiée de l'inscription dont il s'agit. Si vous avez encore une feuille séparée de votre Annuaire, vous me ferez plaisir de me l'adresser.

» Lorsqu'il y aura dans votre feuille quelqu'article sur quelque question d'histoire ou d'antiquité, je vous serai obligé de vouloir bien m'envoyer le numéro qui le contiendra.

» Agréez, Monsieur, l'assurance de la haute considération, avec laquelle j'ai l'honneur de vous saluer.

A. L. MILLIN.

L'inscription avait été copiée figurativement ; m'en étant assuré par moi-même ; je l'écrivis à M. Millin, et la difficulté du mot CONS restait à résoudre ; d'autres affaires empêchèrent ce savant de s'en occuper.

De son côté, M. Baucilhon, qui tenait beaucoup à l'illustration de son village, espérant que son opinion sur la situation de la campagne de *Tonance Féréol*, à St-Laurent-de-Trèves, dans ses propriétés, serait corroborée par ce monument qu'il croyait s'y rattacher, écrivit à des antiquaires de Nismes pour avoir leur avis sur l'explication de son inscription. Voici la réponse qu'il reçut de M. Vincent Valz, juge, et non, comme l'avance par erreur M. Cayx (14), de M. Séguier, antiquaire, qui était mort en 1784 :

« La pierre paraît être simplement une pierre votive. On doute qu'elle ait servi de piédestal à une colonne. Pour en bien juger, il faudrait qu'on en eût donné les dimensions. Quant à l'inscription, elle n'a rien d'embarrassant ; voici comme elle doit être lue :

MARCO TRITULLO CONSULI

ACBANSIUS

VOTUM SOLVIT LUBENS MERITO (OU LIBERAMENTE).

» Quelques recherches pourront faire connaître ce Tritullus à qui on avait élevé ce monument. »

Mais une explication qui paraîtra, sans doute, curieuse est la suivante, que M. Baucilhon reçut de M. l'abbé Maury :

« Achransius a acquitté son vœu les kalendes de mars
« envers Marius Tritus Ukkonius consul. »

(14) Mém. de la Soc. royale des Ant. de France, tom. 8, p. 240.

Toute la difficulté que présente cette inscription existe, ainsi que l'observe M. Millin, dans le mot *cons.* de la troisième ligne ; il ne s'agit pas ici d'un consul, ainsi que le pensent MM. Vincent Valz et Maury : les fastes consulaires n'en présentent aucun de ce nom. Ce mot est trop bien gravé pour y trouver celui de *coss.*; mais c'est tout bonnement un prénom d'*Acrantius* qui a érigé le monument dont il s'agit à Tritullus, personnage marquant de la contrée. Quoique les lettres D. M. (*Diis Manibus*) n'aient pas été gravées en tête de l'inscription, la formule V. S. L. M. qui la termine indique assez que c'était un cippe ou autel tumulaire.

SALMON.

Au petit village de Marijoulet, qui dépendait autrefois de la commune de Salmon, dont le chef-lieu a été changé à Auxillac, on voit, sur la porte d'entrée du domaine du sieur Pourcher, propriétaire-cultivateur, l'inscription suivante :

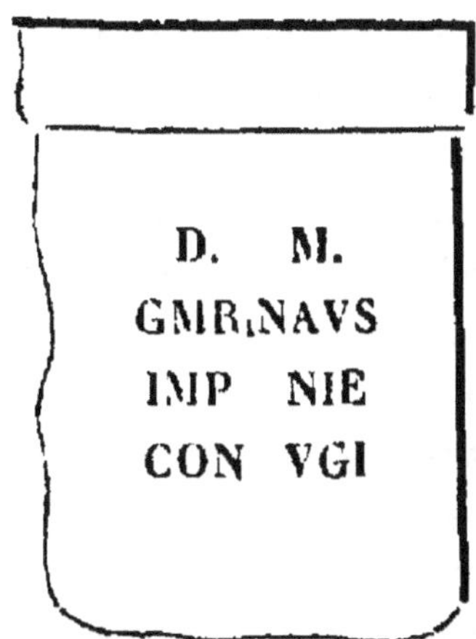

Il est inutile d'observer que cette inscription devait faire partie d'un tombeau érigé par l'amitié conjugale.

Le sieur Pourcher, en faisant creuser les fondemens d'une grange, découvrit, au-dessous d'un petit jardin derrière son habitation, ainsi qu'il l'a rapporté à mon fils aîné, qui a copié cette inscription, une espèce d'autel formé de grandes pierres de taille portant quelques ornemens, placé en face du chemin allant à la Canourgue et le bois de Marijoulet, et dans la direction du nord-est au sud-est.

Plus tard, M. le vicomte de Larochenégly, membre correspondant de la Société, sur mon invitation, désirant procurer cette pierre au musée, a été à même de constater que, dans le terrain indiqué par Pourcher, il en existait beaucoup d'autres, découvertes depuis peu, portant aussi des inscriptions, et leur détermination fera l'objet d'une notice postérieure.

Je terminerai ici la description des monumens qui se rattachent à la période romaine dans le département de la Lozère, l'antique *Pagus gabalicus*.

Je ne m'étais pas dissimulé toutes les difficultés que présentait la tâche que je m'étais imposée, dans le seul but d'être de quelque utilité à mon pays, j'ai cité ce que j'avais été à même de constater, en donnant, autant qu'il était possible, l'origine de chaque objet, l'époque et les circonstances particulières de sa découverte.

Le goût de l'archéologie est aujourd'hui trop répandu pour parler des avantages et des jouissances qu'offrent les collections d'antiquités, et surtout les musées départementaux ; mais malheureusement les trouvailles en ce genre ne restent pas toutes dans le pays. Jamais on n'avait vu autant de marchands de *bric-à-brac* qui les recherchent et les exportent. Ainsi disparaissent bien souvent des documens d'un intérêt spécialement départemental.

On ne saurait donc trop recommander de recueillir avec soin tout ce que l'on pourra découvrir; et d'en doter le musée de la Société, à Mende, établissement dont j'ai provoqué la fondation comme devant former des archives de l'histoire locale, et contribuer à répandre le goût des arts.

Des établissemens semblables existent aujourd'hui dans presque tous les chefs-lieux de département ; partout l'autorité et les habitans rivalisent de patriotisme et de générosité pour les enrichir de tout ce qui peut en accroître l'importance et l'utilité.

La Société se fait un devoir de mentionner, dans ses Annales tous les dons de ce genre et de signaler à la reconnaissance publique les personnes auxquelles elle en est redevable.

D'après une circulaire de S. Exc. le Ministre de l'intérieur, en date du 8 avril 1819, et la série des questions rédigée par l'Académie des Inscriptions et Belles-Lettres, les recherches sur les antiquités de la France dans chaque département devaient comprendre « les » monumens grecs, romains, gaulois, les tombeaux, les » épitaphes, les titres, les chartes, les chroniques et en» fin tout ce qui peut fournir des éclaircissemens sur » les traits principaux de nos annales, l'illustration des » familles, les institutions de la patrie. »

Pour compléter mon travail archéologique sur le département de la Lozère, ancien Gévaudan, il me reste encore à parler des monumens du moyen âge et de ceux qui offrent quelque intérêt historique jusqu'à nos jours.

J'ai déja publié, dans l'Annuaire ou dans le Journal du département, qui sont ma propriété, divers mémoires ou notices qui se rattachent à cette partie de notre histoire, lesquels, pour la plupart, ont été insérés, avec l'agrément de la Société académique de Mende, dans le recueil de ses Annales.

Parmi ces opuscules, je citerai particulièrement les suivans :

Notices historiques sur quelques édifices religieux du département de la Lozère. -- Mém. de la Soc., tom. 8 (1834-1835), p. 153.

Quelques recherches historiques sur l'église cathédrale de Mende, ses évêques et son clergé. -- *Id.*, tom 9 (1835-1836), p. 153.

Notice sur les monnaies des évêques de Mende et sur celles qui ont eu cours en Gévaudan, antérieurement au xve siècle. -- *Id.*, tom. 5 (1831), p 121.

Notice sur l'ancienne existence d'une colonie juive dans le Gévaudan. -- *Id.*, tom, 2 (1828), p 188.

Ephémérides gévaudanoises. -- Journal de la Lozère de janvier 1823 à août 1830.

Notices biographiques sur quelques écrivains et personnages remarquables nés dans le département de la Lozère, ancien Gévaudan. -- Mém. de la Soc., tom. 6 (1832-1833), p. 129.

Nomenclature, par ordre alphabétique, des communes du département de la Lozère, avec leur population, leur distance de Mende, chef-lieu du département, et les villages et hameaux qui en dépendent, suivie de quelques remarques historiques et statistiques. -- Annuaires du département; années 1830, 1831 et 1832.

Recherches sur l'étymologie des noms propres de lieu du département de la Lozère. -- Mém. de la Soc., tom 10 (1837-1838), p. 121.

Sur l'étymologie du mot *Gabacho*. -- *Id.*, tom. 1er (1827), p. 178.

Sur le nom latin de la Lozère. -- *Id.*, tom. 2 (1828), p. 205.

Rapport sur le monument érigé à la mémoire du conétable Bertrand du Guesclin, à Châteauneuf-Randon. -- *Id.*, tom. 6 (1832-1833), p. 101.

Proposition au sujet d'un monument à ériger à la mémoire de M. le comte Chaptal. (*Id.*, tom. 6 (1832-1833), p. 115.

Notice sur le passage de souverains ou de princes en Gévaudan. -- Journal de la Lozère, n° 1845, du 26 mai 1832. -- Annuaire de 1833, p 101.

Relation du voyage de S. A. R. Mgr le duc d'Orléans dans le département de la Lozère. -- Mém de la Soc., tom. 5 (1831), p. 182, et Journal de la Lozère, n° 1849, du 23 juin 1832.

Notice sur la bibliothèque de la ville de Mende. -- *Id.*, tom. 7 (1833-1834), p 170.

Le complément de cette dernière partie sera publié dans un prochain volume. Mes recherches avaient pour objet l'histoire du pays d'après ses monumens; ils étaient peu connus; on en avait indiqué quelques uns d'une manière si peu satisfaisante, que j'ai cru devoir combattre certaines opinions qui m'ont paru erronées. Je n'ai pas la prétention d'avoir rempli entièrement cette tâche : je ne mets d'autre importance à mon travail que celle de l'avoir entrepris et continué dans un but purement patriotique.

NOTICE

DES OBJETS

DONNÉS OU ACQUIS POUR LES COLLECTIONS DU MUSÉE DE LA SOCIÉTÉ (*)

TABLEAUX, GRAVURES ET LITHOGRAPHIES.

TABLEAU PEINT A L'HUILE

Portrait de S. A. R. Mgr le duc d'Orléans, peint d'après M. Ingres par M. Lamothe.

Don de M. le Ministre de l'intérieur, sur la demande de la Société, appuyée par M. de Larque, député de la Lozère.

Après la mort de cet excellent Prince, voici comment s'exprimait M. Jules Janin, sur l'original de ce portrait :

« Quand M. Ingres partit pour Rome, le prince royal lui commanda un tableau, la *Stratonice*, un chef-d'œuvre que nous avons admiré aux Tuileries ; puis, à peine M. Ingres fut-il de retour, que M. le duc

(*) La Société a arrêté de mentionner dans ses Annales les dons qui seraient faits pour son Musée, ainsi que les noms des donateurs. Elle accueillera avec une vive reconnaissance tout ce qui pourra enrichir ses collections, dont le but d'utilité départementale doit exciter la sympathie de toutes les personnes qui s'intéressent à l'illustration du pays.

On a indiqué, par un astérisque, tous les objets qui ont été acquis sur les fonds des allocations que le Conseil général, d'après les propositions de M. le Préfet, accorde annuellement à la Société pour la seconder dans le noble but de son institution.

d'Orléans voulut avoir son portrait de la main de l'illustre peintre. En général, il n'est pas facile d'obtenir un portrait de M. Ingres, surtout lorsqu'on est un prince royal. Cela demande tant de patience, tant de persévérance, tant d'exactitude! Ce n'est pas l'artiste qui est aux ordres du modèle, c'est le modèle qui est aux ordres de l'artiste. Donc, M. Ingres représenta humblement à S. A. R. qu'il allait lui demander bien du temps et de la patience, qu'il faudrait venir poser chez lui, à l'Institut, dans son atelier, en tête à tête et dans un grand silence! Le prince accepta toutes ces conditions auxquelles pas une petite-maîtresse de nos jours ne voudrait se soumettre; il fut exact, il adopta le petit uniforme que demandait M. Ingres; il vint aux heures qui lui furent désignées, il se conduisit, en un mot, comme un gentilhomme qui sait très bien la déférence qui est due aux grands artistes. De cette association excellente est résulté un des plus beaux portraits de M. Ingres, une œuvre à peine terminée. Oui, certes, voilà bien cette taille élancée et svelte, cette tête bienveillante et fière, cette noble main qui tenait si bien une épée, ce vif et limpide regard qui voyait d'un coup d'œil tant de choses! Il est là tout entier sur cette toile à jamais vivante; ne croirait-on pas qu'il va d'un mot agiter encore tous ces bataillons obéissans à sa voix? A chaque bruit qui se fait à sa porte, le grand artiste n'est-il pas tenté d'aller ouvrir et de dire comme autrefois: « Entrez, Monseigneur, nous sommes seuls! » Illusion funeste! Et pourtant voilà le prince! le voilà dans sa force, dans sa beauté, dans sa jeunesse, dans sa belle et loyale nature. Portrait d'une ombre! image d'un mort! Le peintre qui l'a fait se demande encore s'il n'est pas le jouet de quelque rêve impossible, et si, en effet, il ne reverra plus jamais ce beau jeune homme qui est resté là si longtemps debout et calme sous son regard ému et charmé ?

» A peine ce portrait était-il achevé, que le prince dit à M. Ingres : « Une grande dispute s'élève, Monsieur Ingres. A qui sera ce portrait ? Mon père le veut, ma femme le désire. » Hélas ! ce portrait-là n'appartiendra ni au père ni à l'épouse ; la mort l'a donné à la France. Hier encore c'était un portrait de famille, aujourd'hui c'est un tableau d'histoire. Sur ce noble visage, le statuaire est venu qui a étendu son argile ; il a emporté l'empreinte de ces traits imposans, et il travaille déjà à la statue du tombeau. »

ANTIQUITÉS, MONNAIES ET MÉDAILLES.

27 médailles romaines, grand bronze, d'une assez belle conservation, savoir : une de Domitien, 2 de Trajan, 7 d'Hadrien, 6 d'Antonin-le-Pieux, 2 de Faustine-*Senior* et 9 de Marc-Aurèle, avec différens revers.

Don de Mme Rivière de Larque.

Médaille donnée sur la demande de M. Rivière de Larque, député, par M. le Ministre des travaux publics.

LOI SUR LES CHEMINS DE FER.

Tête laurée du Roi.

Lég. LOUIS-PHILIPPE Ier, Roi des Français (A. BOVY).

℞. La France assise au dessus d'un piédestal, tenant un livre ouvert, sur lequel on lit : CHEMINS DE FER ; derrière, un bâton surmonté du coq gaulois ; à droite et à gauche deux figures ailées, représentant, l'une Mars et l'autre Mercure. Dans le bas, des chemins avec rails, viaducs et wagons.

Dans le champ du piédestal, un cartouche surmonté de la couronne royale, du sceptre et de la main de justice, porte l'inscription suivante : LOI DU X JUIN MDCCCXLII. — LOUIS-PHILIPPE RÉGNANT. — Et plus bas, à l'exergue : M. TESTE, MINISTRE DES TRAVAUX PUBLICS, M. LEGRAND, SOUS-SECRÉTAIRE D'ETAT. (*A. Bovy fecit.*)

Lég. *Dant ignotas Marti novasque Mercurio alas.* (Module, 11 centimètres.)

OBJETS DIVERS.

Un très-beau bloc de cristal de roche des environs de Grenoble.

Don de M. Prost, vice-secrétaire de la Société.

Echantillons de chanvre peigné, de la culture de M. Borrelli de Serres, à Mende.

Don de M. Borrelli de Serres, vice-président de la Société.

Cocons blancs d'une éducation de vers à soie, à Mende.

Don de M. Lugné.

BIBLIOTHÈQUE DE LA SOCIÉTÉ (1).

1° PARTIE HISTORIQUE DÉPARTEMENTALE.

ADMINISTRATION. Procès-verbal des séances du Conseil général du département de la Lozère, session de 1843. In-8°.

Don de M Henaut, préfet du département.

—— Recueil des Actes de la préfecture du département de la Lozère, 1843. -- 1 vol. in-8°. Mende.

Don de M. Ignon.

*CHAPTAL. Traité théorique et pratique sur la culture de la vigne, avec l'art de faire le vin, les eaux-de-vie, esprit de vin, vinaigres simples et composés, par le citoyen Chaptal, ministre de l'intérieur, etc.—2.e édition, 2 vol. in-8°. Paris, 1801.

—— L'Art de faire, gouverner et perfectionner les vins. -- Par le même. 1 vol. in-8°. Paris, 1801.

—— Principes chimiques sur l'art du teinturier-dégraisseur, par M. J. A. Chaptal, membre de la première classe de l'Institut de France. -- 1 vol. in-8°. Paris, 1808.

FAYET (Mgr), évêque d'Orléans. Lettre pastorale à l'occasion de son arrivée dans son diocèse. -- 25 mars 1843. In-4°. Orléans.

(1) Elle est divisée en deux parties : la première comprend les ouvrages manuscrits ou imprimés d'auteurs nés dans le département ou qui l'ont habité, ainsi que ceux qui ont un rapport quelconque avec l'histoire du pays; la seconde partie se compose des ouvrages adressés à la Société. Ceux qu'elle a acquis, à ses frais, sont marqués d'un astérisque.

—— Discours de Mgr l'évêque d'Orléans, prononcé en présence de LL. AA. RR. Mgr le duc de Nemours et Mgr le duc de Montpensier, avant la bénédiction du chemin de fer d'Orléans, le 2 mai 1843, in-8° Orléans.

—— Mandement de Mgr l'Evêque d'Orléans pour le saint temps du carême 1844.

Dons de M. l'abbé Valgalier, de Mende, vicaire-général d'Orléans.

GIRAUDEAU (J.). Précis historique du Poitou, pour servir à l'histoire générale de cette province, etc. -- Par J. Giraudeau, D. M. P.

Don de l'auteur, membre correspondant de la Société.

* GISCARD (Arsène). Un Voyage à Bagnols-les-Bains (Lozère). -- Br. in-18. Alais, 1842.

—— L'Agonie du paganisme, ou les Martyrs de Ladevèze, poème épique. -- Br. in-12. 1844.

IGNON. Annuaire du département de la Lozère pour l'année 1843. -- 1 vol. in-12, faisant suite à celui de 1839. Mende.

—— Journal de la Lozère, année 1843. 1 vol. in-8°.

—— Relation de la cérémonie de la pose de la première pierre du pont-viaduc LOUIS-PHILIPPE, sur la rivière d'Altier (Lozère). -- Br. in-8°. Mende, 1843.

Dons de l'auteur.

MÉLANGES. Mémoires de la Société des lettres, sciences et arts de l'Aveyron. -- Tome 3.e, 1841 à 1842. 1 vol. in-8°, Rodez, contenant l'histoire de la bête du Gévaudan, d'après le *Journal des Chasseurs*.

Nota. Cette histoire diffère sur plusieurs points avec les documens locaux, d'après lesquels M. Ignon, secrétaire perpétuel, avait publié une notice dans le Journal de la Lozère, en l'an XII, n° 97, qui a été rapportée, par extrait, dans le 6e volume des Mémoires de la Société, 1832-1833, page 148.

Tuffier (Th) Ode sur la mort de S. A. R. Mgr le duc d'Orléans, par M. Th. Tuffier.

Don de l'auteur, membre correspondant de la Société.

2° OUVRAGES ADRESSÉS A LA SOCIÉTÉ.

Agriculteur-pratique, ou Revue progressive d'agriculture, de jardinage, d'économie rurale et domestique, par MM. Noisette, Boitard, Bossin et F. Malepeyre. (N° 39.-Décembre 1842.)

Analyse des procès-verbaux des Conseils généraux des départemens. -- L'an IX, 1828, 1829, 1831, 1832, 1833, 1834, 1838.

* *Ancien hôpital d'Aubrac* (Aveyron), par l'abbé Bousquet, curé de Buseins. - Montpellier, 1841.

Annales agricoles, littéraires et industrielles de l'Ariége. 1843.

Annales des sciences physiques et naturelles d'agriculture et d'industrie, publiées par la Société d'agriculture, etc., de Lyon, 1843.

Annales de la Société d'émulation du département des Vosges. 1843.

Annales de la Société royale d'horticulture de Paris, 1843.

Annales de la Société royale académique de Nantes et du département de la Loire-Inférieure. 1842.

Annales de la Société séricicole, fondée en 1837, pour l'amélioration et la propagation de l'industrie de la soie en France. 1843.

Annales médico-psychologiques, journal de l'anatomie, de la physiologie et de la pathologie du système nerveux, par MM. les docteurs Baillarger, Cerise et Longet. (Introduction et n° de janvier 1843.)

Annales de l'Académie de Reims. -- 1.er volume. 1842-1843.

Annuaire de la Société royale et centrale d'agriculture - Paris, 1839.

Annuaire de l'arrondissisement de Falaise, 8.e année. publié par la Société académique de cet arrondissement. 1843.

Appareil vignicole, préservant la vigne de la gelée, de la grêle, de la coulure, etc., par L. Tourneur, inventeur, à St-Jean-d'Angely. 1843.

* *Archéologie* chrétienne, ou précis de l'histoire des monumens religieux du moyen âge, par M. l'abbé J.-J. Bourassé. 1 vol. in-12. Tours, 1842.

Assemblée générale annuelle de la Société de la morale chrétienne. 1843.

Bases (des) qui doivent servir à asseoir la taxe du pain, par la Société royale d'émulation, d'agriculture, sciences, lettres et arts du département de l'Ain. 1843.

Bulletin des séances de la Société royale et centrale d'agriculture et compte-rendu mensuel. 1842, 1843.

Bulletin de la Société royale d'agriculture, sciences et arts de la Sarthe. 1842 et 1843.

Bulletin de la Société agricole et industrielle du département du Lot. 1843.

Bulletin de la Société libre d'agriculture du Gard. 1843.

Bulletin de la Société centrale d'agriculture et des comices agricoles du département de l'Hérault, 1842, 1843.

Bulletin de la Société industrielle d'Angers et du département de Maine-et-Loire. 1843.

Bulletin de la Société industrielle de l'arrondissement de St-Etienne. 1842.

Bulletin de la Société de statistique, des arts utiles et des sciences naturelles du département de la Drôme. 1842.

Bulletin des travaux de la Société départementale d'agriculture de la Drôme, 1842.

Bulletin de la Société d'agriculture du département du Cher, 1843.

Bulletin du comice agricole d'Alais. -- N° 6. (1841-1842.)

Bulletin de la Société industrielle de Mulhouse. -- 1843.

Bulletin trimestriel de la Société d'agriculture de Loir-et-Cher. 1843.

Bulletin de la Société académique, agricole, industrielle et d'instruction de l'arrondissement de Falaise. 1842, 1843.

Bulletin de la Société d'agriculture de l'Aveyron. (Années 1838, 1839, 1840 et 1841.)

Bulletin du Cercle général d'horticulture, à Paris. 1843.

Catalogues et prix courant des mûriers et autres arbres et graines des pépinières de MM. Bossin, à Paris; Audibert, frères, à Tonnelle, près Tarascon (Bouches-du-Rhône); Jacquemet-Bonnefont, père et fils, à Annonay (Ardèche); Adrien Sénéclauze, à Bourg-Argental (Loire); Pierre Tourrès, à Macheteaux (Lot-et-Garonne); veuve Leroy et fils, à Angers.

* *Comptes-rendus* hebdomadaires de l'Académie des sciences, par MM. les Secrétaires perpétuels. 1842.

Compte-rendu des travaux de la Société séricicole, année 1842, par M. Frédéric de Boullenois, secrétaire.

Compte-rendu des travaux de l'Académie des sciences, arts et belles-lettres de Dijon. (Années 1841-1842.)

Compte-rendu des travaux de l'Académie du Gard, par M. Nicot, secrétaire perpétuel, et séance publique du 28 août 1843.

Concours de labourage ouvert par la Société d'agriculture et de commerce de Caen, 4 sept. 1843.

Concours pour la prime départementale instituée en aveur de l'agriculture, en 1840, par arrêté de M. le Préfet de l'Aveyron. -- Rodez, 1841.

Concours ouverts par la Société royale et centrale d'agriculture, sciences et arts du département du Nord séant à Douai, pour l'année 1843.

Congrès scientifique de France; lettre sur sa onzième session à Angers. 1843.

Cultivateur (le), Journal des progrès agricoles, et Bulletin du Cercle agricole de Paris. 1842 et 1843.

* *Dictionnaire* français et géographique, par M. Barbault, 2 vol. 8°.

* *Dictionnaire* historique, biographique et bibliographique du département de Vaucluse, etc., P. C. F. H. Barjavel, D. M. - 2 vol. in-8°. Carpentras. 1841.

Discussion du projet du Code civil au Conseil d'Etat. - An XI.

Ephémérides de la Société d'agriculture du département de l'Indre. 1843.

Exposition des produits des arts et de l'industrie, instituée par la Société philomatique de Bordeaux. 1841.

Extrait du rapport de M. Brunet de la Grange à M. le Ministre de l'agriculture et du commerce sur l'industrie séricicole dans plusieurs départemens. 1842.

Homme (*l'*) et sa destinée. -- Pièce de vers par M. le baron de Talairat.

Institution du crédit foncier par la mobilisation du contrat hypothécaire. -- In-4°. Bayeux, 1843.

Journal des savans, année 1843.

Don de M. le Garde des sceaux.

Journal de la Société de la morale chrétienne. 1843.

Journal des haras, des chasses, des courses de chevaux, d'agriculture appliquée à l'élève du cheval et des bestiaux en général, etc. 1843.

Don de M. le Ministre de l'agriculture et du commerce.

Journal de la Société d'agriculture des Basses-Alpes. 1842, 1843.

Lettre et procès-verbal du comice agricole d'Aytré, département de la Charente-Inférieure, du 25 janvier 1843, pour solliciter l'établissement de chambres d'agriculture dans chaque département.

Liste générale, par ordre alphabétique, des émigrés de toute la république. -- 3 vol. in-folio. Paris, l'an II.

Mémoires de l'Académie royale de Metz. 1841, 1842, 1843.

Mémoires de la Société royale et centrale d'agriculture. 1842.

Mémoires divers, offerts à la Société par l'auteur, M. le baron d'Hombres-Firmas, membre correspondant de l'Institut.

Note sur l'hydrogène liquide, ses qualités, sa composition, etc., par le docteur Jules Guyot. 1843.

Note sur le mouvement de la population à Rochefort, pendant l'année 1842, lue à la Société d'agriculture, sciences, belles lettres de cette ville, par M. F. V. Viaud.

Notice sur les explosions des chaudières à vapeur, par M. Combes, ingénieur en chef des mines. Paris, 1842.

Notice sur le prunier robe-de-sergent, vulgairement *prune d'Agen*, par M. P. Tourrès.

Parole (la), recueil périodique de tous les chefs-d'œuvre de la littérature ancienne et moderne, précédé d'une revue critique, littéraire et artistique, rédigé par A. de Roosmolen (de Paris). 1.er numéro. juin 1843.

Procès verbaux de la Société d'agriculture et de commerce de Caen. 1842, 1843.

Programme des concours pour des prix à décerner en 1844 par l'Académie royale du Gard.

Programme des prix proposés par la Société d'encouragement de l'industrie nationale, pour décerner de 1844 à 1847.

Programme du Congrès des vignerons français et étrangers à Bordeaux. (2.e session, 1843.)

Programme des prix proposés par la Société industrielle de Mulhouse, pour être décernés en mai 1843.

Projet pour la remonte de la cavalerie et l'amélioration de la race chevaline, présenté au Roi le 23 janvier 1842, par Frédéric L'Eufant, et développemens et moyens d'exécution de ce projet, par le même. 1842.

Propagateur (le) de l'industrie de la soie en France, journal mensuel, etc., sous la direction de M. A. Carrier, de Rodez. 1843.

Don de M. le Ministre de l'agriculture et du commerce.

Publications agricoles, faites par le Comice agricole du canton de Schiltigheim (Bas-Rhin). N.os 1, 2. 1843.

Question (la) chevaline, considérée sous le point de vue national, agricole, économique et militaire, par le Comice hippique. - Paris, 1843.

Rapport fait à l'Académie royale du Gard, sur le concours de 1842.

Rapport fait par M. Dreuille à la Société libre des Beaux-Arts, sur le traité complet de la peinture, de M. de Montabert. - Paris, 1841.

Rapport sur l'ouvrage de M. de Boullenois, intitulé : *Conseils aux nouveaux éducateurs de vers à soie*, fait à la Société royale et centrale d'agriculture, par M. le baron de Mortemart. 1842.

Recueil des travaux de la Société libre d'agriculture sciences, arts et belles-lettres du département de l'Eure, à Evreux, 1842.

Recueil des édits, déclarations, arrêts et ordonnances pour la province de Languedoc, années 1772, 1775, 1776, 1777.

Réfutation du Mémoire critique sur la direction de Grignon, distribuée à l'assemblée des actionnaires, le 3 juin 1843, par M. Bella.

Résultat des concours de 1842 et programme des concours ouverts pour le prix à décerner, en 1843, par l'Académie royale du Gard.

Revue agricole. -- Bulletin spécial des associations agricoles. 1843.

Don de M. le Ministre de l'agriculture et du commerce.

* *Revue* britannique, in-8°. 1842, 1843.

Séance de la Société des lettres, sciences et arts de l'Aveyron. -- 23 mars 1843.

Séance publique de la Société d'agriculture, commerce, sciences et arts du département de la Marne, tenue à Châlons le 20 octobre 1842.

Statistique de la France. -- Administration publique. 1 vol. petit in-folio. 1843.

Don de M. le Ministre de l'agriculture et du commerce.

Statistique du département de la Haute-Vienne. -- 1 vol. in-4°. Paris, 1808.

LISTE

DES MEMBRES DE LA SOCIÉTÉ. *

PRÉSIDENT HONORAIRE.

M. HENAUT, ❋ C. ❋❋❋, Préfet de la Lozère.

BUREAU.

Président. . . . . . . M. Blanquet (D. M.)

Vice présidens. . . . MM. Borrelli de Serres ❋. Guyot ❋.

Secrétaire perpétuel. . . M. Ignon (J.-J.-M.) ❋

Vice-secrétaire . . . . . M. Prost.

Trésorier. . . . . . . M. Rous.

MEMBRES HONORAIRES.

M. Moreau (Jos.) ❋, ancien préfet du département.
M. Bluget de Valdenuit ❋, *idem.*
M. le comte de Lestrade ❋, *idem.*
M. le baron de Jessaint (C. ❋), conseiller d'Etat, *idem*, préfet de Loir-et-Cher.
M. Fleury (O ❋), *idem*, préfet des Landes.
M. A. Delon ❋, *idem*, préfet des Ardennes.
M. Pagès ❋, *idem.*

MEMBRES TITULAIRES ET ASSOCIÉS RESIDANS.

MM.

1819. Ignon (J.-J.-M) ❋, membre correspondant des Sociétés académiques du Puy, de Mâcon, d'Amiens, d'agriculture de l'Aveyron et de la Société archéologique de Montpellier.
Monteil-Charpal, juge de paix.
Bourrillon, négociant.
Blanquet, ancien juge au tribunal civil de Mende.
Guyot ❋, notaire, membre du Conseil général.

1820. Prost, directeur-comptable de la poste aux lettres, membre correspondant des Sociétés linéennes de Paris et de Bordeaux, de la Société des sciences physiques, chimiques et arts industriels de Paris, et des Sociétés acad. du Puy, Falaise et Rodez.

Boissier, négociant.

Chevalier, propriétaire.

Ignon, fils (Auguste), membre de la Société géologique de France, de la Société des sciences physiques, chimiques et arts industriels de Paris; correspondant de la Société d'histoire naturelle de Montpellier.

Jaffard ✠, négociant.

Rous, propriétaire.

1829. Blanquet, docteur en médecine.

De Ligonnés (Edouard) ✠, propriétaire.

Renouard ✠, conseiller de préf., secrét.-général.

Borrelli de Serres ✠, propriétaire.

Chevalier, docteur en médecine, inspecteur des eaux thermales de Bagnols, près Mende.

Barbot, docteur en médecine, sous-inspecteur des eaux thermales de Bagnols et de la Chaldette.

1833. Ch. Levrault, ex-directeur de l'enregistrement.

Degand, inspect. des écoles prim. du département.

1834. De Chapelain (Octave), propriétaire,

1836. L'abbé Baldit, of. de l'Univ., principal du collége.

Monteil-Charpal (Alphonse), substitut du procureur du Roi près le tribunal civil de Mende.

1838. Bon, juge près le tribunal civil de Mende.

1839 Vachin, avocat, Conseiller d'arrondisssement.

1842. De Thuilorier (G.O.), maréchal de camp, à Mende.

Appert, architecte du département.

1843. Monteil-Charpal (Odilon), maire de Mende.

MEMBRES CORRESPONDANS.

MM.

1819. Costier, notaire à Prévenchères.

1820. Pascal, ancien directeur des contributions indirectes, maire à la Capelle.

Bros, maire à Lanuéjols.

Moré de Charaix ✠, propriétaire à Cheminade.

De Soulages, propriétaire à Auroux.

Ferrand, notaire au Bleymard.

Roche, notaire, maire à Châteauneuf, membre du Conseil général.

Chevalier, propriétaire à Bagnols, près Mende.

Des Hermaux, avocat, à St-Laurent-de-Rive-d'Olt (Aveyron), membre du Conseil général.

Boissonade ❋, docteur en médecine, membre correspondant de l'Académie royale de médecine, sous-préfet à Florac.

Bourbon, architecte à Nismes (Gard).

Crouzon (Louis), artiste vétérinaire à Rodez.

Hedde (Ph.), m. de plusieurs Soc. savantes, au Puy.

Duparc, percepteur.

1828. Provençal, D. M., profess. à la Faculté des sciences à Montpellier, correspondant de l'Institut, etc.

Bonbernat du Chambon, propriétaire à St-Juéry.

1829. Jonon (C. J. A.), conseil. à la cour royale de Nismes.

Renouard ❋, ex-sous-préfet de Florac.

Du Cayla ❋, propriétaire à Aumont.

Baron Brun de Villeret (G. O. ❋), pair de France, maître des requêtes, lieutenant-général, membre du Conseil général.

Chazot ❋, docteur en médecine à St-Chély.

Mgr Fayet (O ❋), évêque d'Orléans.

Marmilor, direct. des contr. indir. à Dax (Landes).

1830. Audibert ❋, aîné, pépiniériste, à Tonelle, près Tarascon (Bouches-du-Rhône).

Comte Pelet de la Lozère (O. ❋), pair de France.

Ruelle, payeur du trésor, à Lyon (Rhône), membre des Sociétés académiq. du Puy et de Mâcon.

Trit, ingén. des ponts et chaus à Domfront (Orne).

Crueize, juge de paix du canton de Serverette, membre du Conseil général.

Campredon, juge de paix du canton de Barre, membre du Conseil général.

Larguier, maire à St Germain-de-Calberte.

Hedde (Is.), agent de change, à St-Etienne (Loire).

Dejean, juge de paix à Nasbinals.

Fonvielle, ex-pasteur au Pont-de-Montvert.

1833. Chapel-Despinassoux ❋, négociant à Marvejols.

Richon des Brus ❋, D. M., membre de la Société acad. du Puy et de la Chambre des Députés.

Mosnier-Chapelle ❋, ex-directeur des mines de Vialas, à Paris.

De Jocas, avocat, à Carpentras (Vaucluse).

Rivière de Larque ❋, conseiller référendaire à la Cour des comptes, membre de la Chambre des Députés et du Conseil général.

Saint-Laiger, notaire au Malzieu.
D'Hombres (Charles), propriétaire à Alais.
1835. De Mauléon ✠, ingénieur en chef des domaines de la liste civile, membre de plusieurs Sociétés savantes, à Paris.
1836. Tenting, inspecteur de l'instruction primaire du département du Puy-de-Dôme, à Clermont.
Goirand de Labaume ✠, conseiller à la Cour royale de Nismes, memb. de plusieurs Sociétés savantes.
Paradan (Eugène), propriétaire à la Canourgue.
Comte de Meynadier (G. C. ✠), lieutenant-général, membre de la Chambre des Députés, commandant de la 19.e divis. militaire, à Clermont.
Monseignat du Cluzel, propriétaire à Rodez, membre de la Chambre des Députés.
Mallay, architecte à Clermont.
Brun de Villeret (Alph.), propriét. au Malzieu.
D'Imbert de Montruffet, percepteur à Paris.
1839. L'abbé Enjalvin, supérieur du petit-séminaire de St-Roch, à Paris, officier d'Académie, chanoine honoraire de Mende.
Payan de Champier, président du tribunal civil à Orange (Vaucluse).
De Labouisse-Rochefort, membre de plusieurs Sociétés savantes à Castelnaudary.
1840. Belviala (Casimir), propriétaire à Langogne.
Vicomte de la Rochenegly, maire à Auxillac.
1841. Loizellier, inspecteur des écoles primaires à Colmar (Haut-Rhin).
Martin, notaire, adjoint à la mairie de Marvejols.
Giraudeau de St-Gervais, D. M. à Paris.
Aigoin-Montredon ✠, sous-préfet à Marvejols.
Bonnet-Mazimbert, juge de paix à Villefort.
1842. Boyer (Fr.) horticulteur-pépiniériste à Nismes.
Poussié, fils, docteur en médecine à Marvejols.
Tuffier (Théodore), percepteur à St-Amans.
Roussel (Théophile), D. M. à Paris.
Des Molles, propriétaire à Langogne.
Zielinski, directeur, professeur d'agriculture de la ferme expérimentale.
1843. Marandon de Montyel, à la Caze (Laval-du-Tarn).

TABLE DES MATIÈRES (1).

(*) On a indiqué en petites capitales les Mémoires, Notices, etc., qui ont été insérés en entier ou par extrait dans ce volume, et en caractères italiques ceux qui n'ont été que mentionnés dans le Compte-Rendu ou dans des extraits de divers rapports.

VOLUME XIII. -- ERRATA.

FAUTES A CORRIGER.

Pagination. *Au lieu de* 661, lisez : 161.

Page 164, ligne 11, *au lieu de* : R. L. AVES, lisez : R. L. AVF.